VALABLE POUR TOUT OU PARTIE DU DOCUMENT REPRODUIT

Illisibilité partielle

Couverture inférieure manquante

Original en couleur
NF Z 43-120-8

BIBLIOTHÈQUE DE "L'ILLUSTRÉ MODERNE"

ARMAND SILVESTRE

ROSE DE MAI

ROMAN INÉDIT

BIBLIOTHÈQUE DE L'ILLUSTRÉ MODERNE

ARMAND SILVESTRE

Rose de Mai

ROMAN INÉDIT

PARIS
SGAP, IMPRIMEUR-ÉDITEUR
3, RUE DE L'ÉCHELLE, 3

1888

Tous droits réservés.

A mon ami Gustave GŒTSCHY

PRÉFACE

Il y a longtemps que mes amis m'engageaient à écrire un roman, et c'est pour un ami que j'ai écrit celui-ci. Il n'y faut pas chercher la méthode savante où excellent les maîtres du genre le plus en honneur aujourd'hui. Si ce livre mérite quelque indulgence, c'est par la sincérité de ses intentions. Je l'ai fait le plus ressemblant que j'ai pu à la vie, mêlant des impressions de mélancolie à des impressions de gaieté, la plainte éternelle de l'Amour à l'ironique fracas du rire.

C'est une grande audace à moi de n'y avoir choisi aucun modèle. Il ne me déplairait pas cependant qu'il fît penser, question de style à part, aux honnêtes et amusantes histoires de l'historien trop oublié de Monsieur Dupont et de la Laitière de Montfermeil.

ARMAND SILVESTRE

Août 1888.

―――

ROSE DE MAI

I

— Et vous êtes sûr qu'il n'est rien arrivé pour moi?
— Absolument rien, monsieur.
— De la maison Chevet à Paris, le célèbre commerçant?
— Aucun colis à votre adresse n'est parvenu à la gare aujourd'hui.
— Vous savez mon nom?
— M. Boisrobin, avocat-avoué, 26, rue des Bordes.
— C'est cela. Eh bien, dès qu'arrivera la caisse que j'attends, envoyez-la chez moi au plus vite et sans

la trop secouer, s'il vous plaît.... C'est étonnant ce que ces gros messieurs du négoce en prennent à leur aise aujourd'hui.

Ce dialogue absolument dénué de lyrisme, avait lieu le 12 mai 1867, jour de la Saint-Spire, à la gare de Corbeil, entre M. Boisrobin déjà nommé et un simple employé du chemin de fer. Mal content du résultat de sa démarche, l'officier ministériel prit le chemin qui ramène au centre de la petite ville, soufflant dans l'atmosphère tiède d'une journée de printemps, la redingote grande ouverte sur sa cravate blanche, une casquette à la main, une petite casquette fort élégante avec une petite lyre en or au-dessus de la visière.

C'était un homme d'une cinquantaine d'années, légèrement chauve, bien pourvu abdominalement, avec des yeux gris, éclairant à peine une face rougeaude flanquée de courts favoris grisonnants. Les lèvres minces avaient ce va-et-vient facile au-dessus des dents qui est particulier aux gens qui abusent de la parole. Bien qu'il fût d'une certaine coquetterie, toute sa personne sentait le dossier éventé et les poussières crasseuses de l'étude. L'infatuation de soi-même éclatait dans ses moindres attitudes et il marchait avec la précaution d'un homme qui craindrait d'ébranler le monde en y posant trop brusquement le pied.

Faut-il s'inquiéter du moral de ce quidam ? Il ne pouvait être obscur que pour un observateur bien malhabile. Qui n'eût pas deviné, en lui, un homme d'affaires de province, infiniment plus occupé de son propre bien que de celui des autres, ambitieux d'ailleurs et

amoureux de gloriole, se fût montré bien insuffisamment physionomiste.

Il arriva enfin sous l'avenue des Tilleuls, qui s'étend jusqu'au quai, et où la fête foraine battait son plein. Car la Saint-Spire est la fête patronale de Corbeil, et c'était, en ce temps-là encore, une des plus importantes des environs de Paris. Les tentes s'étageaient sous les quinconces dont un souffle chaud, tout imprégné de l'haleine des fritures en plein vent, agitait doucement les feuilles. En dehors des allées ombreuses les saltimbanques menaient leur vacarme et un cirque ayant à sa tête un Loyal de la grande souche étendait sa parade, où des officiers autrichiens faisaient polker des danseuses en maillot.

Aucun des jeux en usage ne manquait à cette solennité : les chevaux de bois y tournaient, fouettés par les hoquets de l'orgue et des sièges aériens y promenaient, dans l'espace, des couples dont le mal de mer pouvait seul compléter le bonheur.

Quand M. Boisrobin apparut dans cette façon d'enceinte, un petit signe s'échangea entre deux membres du groupe vers lequel il se dirigeait, et deux bras se serrèrent l'un contre l'autre sans mouvement visible, et, pour le dire bien vite, amoureusement. Deux regards s'échangèrent aussi chargés de la même tendresse avec un peu de mélancolie au fond.

— Eh bien, mon ami? fit une voix très douce.

M. Boisrobin répondit à sa femme.

— Rien! rien! rien! ces animaux-là vont faire manquer notre dîner Mais ce que je leur flanquerai un joli procès!

Mme Boisrobin ne sembla partager que par politesse l'avis de son époux. Sa rêverie semblait ailleurs que dans cette préoccupation domestique d'un plat vainement attendu. Autant vous dire tout de suite que c'était elle dont l'épaule s'était si sympathiquement rapprochée de celle du peintre Maxime Aubry, qui était son cavalier dans cette promenade.

La belle Mme Boisrobin, comme on disait à Corbeil, avait, à n'en pas douter, vingt ans de moins que son mari. Imaginez une personne tout à fait séduisante sans être précisément d'une beauté correcte. Sa chevelure était d'un blond mêlé de tons fauves qui y passaient ici, larges comme des coulées d'ambre, là, fins comme des fils d'or. Elle avait le beau teint des rousses : ce teint mât et insensiblement constellé comme les vieilles eaux-de-vie de Dantzig ; ses yeux, d'un bleu transparent, roulaient un sable de Pactole ; mais sa bouche était attirante surtout, un peu charnue et teinte de vraie pourpre, non pas de rose foncé.

Il est toujours indiscret de déshabiller en public une femme du monde. Nous nous en tiendrons donc aux présomptions en insinuant que les fermetés de son corsage semblaient réelles, et que leur contrepoids naturel paraissait confortable à l'envi. L'ensemble était complété par deux mains grassouillettes, infiniment blanches et trouées de petites étoiles. Il y avait donc beaucoup de raisons pour que le peintre Maxime Aubry se complût en la compagnie de cette aimable personne.

Et encore ne vous donnerai-je la bonne que plus tard, à moins que vous l'ayiez devinée déjà.

La description de son cavalier vous y aidera certai-

nement. Ce n'était pas un joli garçon que Maxime Aubry, mais c'était beaucoup mieux qu'un joli garçon. De stature moyenne, avec des traits irréguliers mais sympathiques, il empruntait sa personnalité à une expression singulière de résignation et de fierté. Il était de ceux dont on dit au premier abord : c'est quelqu'un. Et c'était quelqu'un en effet : un artiste très amoureux de son art et aussi très amoureux de la femme, mystique par la pensée et sensuel par le tempérament ; une nature vibrante à toutes les émotions hautes et également ouverte à tous les désirs violents. Il y avait vraiment deux hommes en lui, dont l'un semblait debout sur les épaules de l'autre, tant il lui était supérieur. Les deux étaient d'ailleurs également dissimulés au vulgaire par un voile singulier de réserve et de modestie.

Sa timidité extrême en avait fait, pendant ses études, une de ces victimes de la vie d'atelier dont la légende demeure fameuse chez les sculpteurs et les peintres. Un grand et incontestable succès, d'excellents envois faits de la villa Médicis, avaient bien forcé ses persécuteurs à le prendre au sérieux. Il ne leur avait gardé aucune rancune, mais lui aussi — il y avait en lui infiniment d'enfantillage — eût aimé maintenant, dans sa maturité, à faire des charges, et cet instinct de représailles était bien ce que cachait le mieux sa physionomie sérieuse et même un peu mélancolique. Lui ! s'amuser, en dedans, à des nigaudineries ! Vous ne l'eussiez fait croire à personne, et cependant c'était absolument vrai !

— Voulez-vous vous joindre à nous, monsieur Boisrobin, pour aller visiter les baraques ?

— Vous savez bien, ma chère, que cela est impossible, répondit M. Boisrobin à sa femme ; le concert est à quatre heures et on m'attend. Monsieur, je vous recommande ces dames. Bonjour, mon petit Gontran.

Et M. Boisrobin, avec une affectation douce, se baissa pour embrasser bruyamment un affreux gamin qui avait l'honneur d'être son fils, et à qui une amie de sa femme, Mme Vésinier, donnait la main.

J'ai dit que ce Gontran était affreux alors. Mais je ne vous ai pas dit pourquoi.

Au premier aspect, ce qu'on est convenu d'appeler un bel enfant : car il était grand pour ses huit ans et taillé à l'hercule. Mais rien de délicat, rien de rêveur dans l'expression du visage où les yeux avaient l'air plantés comme deux clous d'acier, où la bouche gourmande grimaçait comme un coup de sabre. Il était bien écrit sur le front de celui-là qu'il ne serait pas un poète. La sensualité évidente, mais pleine de charme chez elle, de la mère et les instincts égoïstes du père se mariaient visiblement dans ce tempérament sûr de soi, mais inquiétant pour les autres. Ses petits camarades

en avaient peur et les animaux le fuyaient, ce qui est une condamnation sans appel.

M. Boi-robin était donc parti après avoir embrassé

son fils ; il était parti en posant coquettement sur son oreille la petite casquette ornée d'une lyre dont il faut cependant que je vous révèle le secret. Ce philanthrope, qui n'avait pas son pareil pour dépouiller une veuve et mettre sur la paille un orphelin, après les avoir, il est vrai, défendus contre leurs moindres ennemis — tel un milan qui vole à un épervier sa proie — faisait de la démocratie et de la popularité par tous les moyens.

Avec un flair incontestable, devinant et pressentant une époque — la nôtre — où la politique deviendrait la seule carrière, où le pays tout entier serait livré aux impuissants et aux bavards dont il se sentait le confrère naturel, M. Boisrobin se préparait à cette curée. Bruyamment libre penseur professant le plus absolu mépris pour la charité chrétienne, il utopisait volontiers sur le chapitre de la bienfaisance officielle et avait déjà rédigé plusieurs mémoires — entre deux fils de famille ruinés par les procès — sur la nécessité de secourir l'enfance malheureuse et de faire avec de simples petits galvaudeux d'excellents citoyens. Il avait donné pour cela deux ou trois recettes qui lui avaient suffi pour passer, de Juvisy à Longjumeau, pour un des grands bienfaiteurs de l'humanité.

Mais ce n'était pas pour cela qu'il portait une casquette avec les insignes d'Apollon.

Toujours pour gagner de l'influence sur les masses qui allaient devenir la force, M. Boisrobin s'était incorporé dans l'orphéon de la ville. Il n'était pas musicien du tout. Mais un de ses oncles lui avait laissé par testament un basson et, cet instrument démodé sous le bras, l'avoué s'était présenté bravement au suffrage de la maitrise laïque, qui n'était pas fort difficile, et qui n'avait eu garde d'ailleurs de refuser l'appoint d'un homme de cette autorité.

Le chef du petit orchestre l'avait bien invité à jouer avec modération, dans le style délicat des professeurs du Conservatoire. Mais M. Boisrobin ne l'entendait pas ainsi. Il ne voulait pas que sa collaboration à cette œuvre harmonieuse fût perdue pour le public; il n'était

pas disposé à se déranger pour faire le muet dans cette mélodique assemblée. Or donc, de temps en temps, furieusement exhalait-il une véritable tempête du bois étonné, quelque chose comme un torrent qui crève ses digues, comme une aérienne indigestion, comme une canonnade désespérée à la dernière heure du combat.

Mais laissons-le rejoindre ses harmonieux collègues sur la grand'place, en face de l'image du sapeur pompier qui mourut d'une entorse mal soignée pendant l'insurrection de juin 1848, ce qui donna l'idée de le faire passer pour une de ses victimes. Voilà comme s'écrit l'histoire, cependant! Oui, oui, laissons ce paperassier musical mugir dans l'héritage de son oncle, durant que la petite flûte soupire et que s'étire le trombone comme un ivrogne qui se réveille.

Suivons plutôt Mme Boisrobin, qui a repris le bras de Maxime Aubry et se sent respirer mieux à l'aise, durant que son mari s'essouffle plus loin dans son souvenir de famille. Ne pensez-vous pas que les fêtes foraines sont un délicieux décor à ces amours légères qui ne recherchent pas les solitudes profondes, ou à ces tendresses repues qui n'ont plus besoin d'asile? Dans lequel des deux cas se trouvaient nos promeneurs? Dans le second vraisemblablement.

Car tout disait, dans l'alanguissement charmant de la femme et dans la reconnaissance dont les yeux de son compagnon étaient comme étoilés, qu'ils n'avaient plus rien à souhaiter pour l'instant que les douceurs de leur propre compagnie, dans ce grand brouhaha d'indifférents où certaines intimités se sentent plus pénétrantes encore.

Qui n'a ainsi, par quelque belle journée de printemps, après une matinée recueillie, cherché, la bien-aimée au bras, ces coins bruyants de verdure où la foule ondule comme une mer battant les récifs qu'élèvent çà et là les baraques de ceux que Rabelais appelait : crieurs de saulce verte? » Tout est charme et douceur dans l'isolement savouré parmi ce tumulte, et il n'est pas jusqu'aux étreintes de ce populaire qui, en resserrant l'un contre l'autre ceux qui s'aiment, ne leur semble quelque chose de fraternel et d'ami.

L'après-midi se passait donc bien douce pour les deux amants. Car maintenant voudrais-je inutilement insinuer que maître Boisrobin était moins chenu, dans son honneur, qu'un bois de haute futaie. Y voyez-vous quelque inconvénient, personnellement ? Moi, aucun. Le contraire seul eût été immoral.

Une représentation populaire de la *Tentation de Saint Antoine* les amusa infiniment. Maxime pensa que si les impures qui avaient tenté de séduire le bienheureux avaient  eu les traits de Mme Boisrobin, le saint eût faussé compagnie à son camarade, père de toute bonne charcuterie, et qui seul serait canonisé aujourd'hui. Mme Boisrobin trouva tout simplement que la conduite de saint Antoine avait été celle d'un homme sans galanterie et de peu d'éducation.

Cette remarque choqua infiniment Mme Vésinier, qui était bégueule et qui fit de son mieux pour empêcher que Gontran l'entendît. Mais Gontran ne pensait guère à écouter ce qui se disait autour de lui. Il aurait voulu se joindre aux diables qui tourmentaient le cochon, voilà tout.

On ne voulut pas le laisser monter seul sur les chevaux de bois. L'infortunée Mme Vésinier dut se percher à côté de lui, en amazone. Maxime et Mme Boisrobin s'installèrent sur deux couriers jumeaux et parallèles, aux crinières héroïques comme celles des bas-reliefs du Parthénon.

Ah! comme tout est charme dans les choses quand le cœur porte en soi le charme immortel de l'amour! Cette lamentation de l'orgue, elle-même, avait pour eux les douceurs d'une musique et ce stupide tournoiement sans but, ce voyage captif sur un chemin qui ne finit pas, ce supplice d'Ixion dont on a couché la roue à terre, berçaient un énervement délicieux dans tout leur être. Les moindres tressaillements que donnaient aux tringles du manège, en assez triste état, les soubresauts de Mme Boisrobin remettant en selle son séant magnifique et mal à l'aise, pinçaient aux moelles le malheureux Aubry et il enviait à cette insensible monture de bois le poids tiède et vivant qui l'écrasait de ses nobles rondeurs.

Une sorte d'ivresse leur venait de ce mouvement qui les emportait, de cette plainte qui les enveloppait, et surtout de cette belle lumière du soleil couchant qui s'éparpillait en mille flèches brisées sur les cimes des tilleuls et tamisait, jusque sur le sable, des gouttes d'or, en traversant leur feuillage.

Ils firent ainsi des tours, des tours, des tours, sans se lasser, coude à coude, tout au bien-être de se sentir si près l'un de l'autre.

Comme Mme Vésinier descendait Gontran de son cheval, M. Boisrobin apparut très agité qui, les apercevant, marcha droit vers eux, une expression mystérieuse et déplaisante sur le visage. Aubry et Mme Boisrobin échangèrent un regard d'inquiétude. L'avoué se serait-il aperçu de quelque chose? La pauvre femme eut comme une montée de sang au cœur et son compagnon se prépara à bien riposter dans l'assaut qu'il prévoyait. Mais M. Boisrobin ne parut même pas les voir. Marchant droit sur Gontran, qui, lui, ne s'attendait à rien, il lui administra une énorme paire de claques.

— Tiens! polisson! fit-il, ça t'apprendra.

Gontran se mit à hurler. Mme Vésinier le prit dans ses bras et sa mère quitta Maxime pour courir à lui et le consoler.

— Que vous a fait ce malheureux enfant? demanda-t-elle d'un ton de reproche à son mari.

— C'est honteux, monsieur! ajouta Mme Vésinier.

— Je sais ce que j'ai à faire, madame, riposta avec dignité l'orphéoniste, et j'aime les enfants mieux que vous.

Il refusa obstinément d'en dire davantage. Mais je ne me crois pas tenu aux mêmes réserves que lui.

Or, voici ce qui avait mis si fort en colère la terreur des veuves et des orphelins.

Les premiers accords du concert en plein vent avaient été mourir aux pieds du sapeur-pompier victime de la médecine, et Boisrobin qui, connaissait de mémoire l'air qu'on était en train d'exécuter, attendait impatiemment un ralentissement de l'ardeur des accords pour donner une issue aux notes furieuses dont il se sentait oppressé. Car jamais il ne

s'était mieux trouvé en basson que ce jour-là. Lui et son instrument ne faisaient qu'un, tendus vers un idéal de sonorité qui eût imposé silence aux trompettes de Jéricho elles-mêmes.

Le passage propice était arrivé. M. Boisrobin gonfla les joues à les faire éclater, colla sa langue à la gencive comme à une muraille et poussa, poussa, poussa... mais rien. Il en eût obtenu tout autant en soufflant dans une bûche de Noël. Exaspéré, il redoubla d'efforts, appela à lui toutes les haleines de son poumon, se gonfla comme une grenouille, écarta une jambe

pour se donner plus d'assise. Et pendant ce temps-là le moment favorable filait, filait sur l'aile cristalline des petites flûtes. Enfin l'instrument se déboucha brusquement et une grêle de petites boulettes de papier, dont il

avait été méchamment et intérieurement chargé s'en envola pour aller retomber sur la tête des musiciens, ce

qui parut à ceux-ci une plaisanterie détestable, mais amusa infiniment le public.

M. Boisrobin, lui, était anéanti de surprise et de colère. Qui pouvait avoir médité cette mauvaise farce ? Assurément Gontran ! Et voilà pourquoi il avait tout quitté pour lui venir flanquer une correction publique.

Eh bien, il se trompait.

Mon héros ne perdra-t-il rien à ce qu'une de ses faiblesses soit ainsi racontée ? C'était Maxime Aubry, le doux et amoureux Maxime Aubry, qui s'était permis cette plaisanterie quelques jours auparavant, dans un moment de désœuvrement et d'enfantillage. En voyant l'inique résultat de son inspiration, son premier mouvement fut d'innocenter le malheureux Gontran et de dire la vérité. Mais sa timidité naturelle le retint. On était si loin de le supposer capable de joyeusetés de ce goût ! Il réprima son remords et se sentit presque honteux que ce fût pour si peu de chose que Boisrobin fût revenu.

Pour calmer Gontran, qui était fort gourmand, on annonça qu'il serait bientôt l'heure de dîner.

— Veux-tu, mon ami, que nous allions à notre tour au chemin de fer voir si rien n'est arrivé? demanda Mme Boisrobin.

— C'est cela, fit l'avoué d'un ton sombre.

Et tandis qu'il regagnait la maison en faisant de la morale à Gontran et que Mme Vésinier allait changer de toilette, eux, — les amoureux — s'en furent gaiement à la recherche du fameux colis, ravis d'être ensemble et sans se préoccuper un seul instant du succès de leur démarche, laquelle n'était qu'un prétexte à un bout d'école buissonnière, à deux.

II

La maison occupée par maître Boisrobin était sise au bout du pont de Corbeil, à l'entrée du quai dit de la Pêcherie et quelques pas avant celle du marinier Lelard, dont les matelotes étaient célèbres de Champrosay à Seine-Port, voire même de Juvisy à Melun.

Le couvert avait été mis sur une large terrasse dominant la Seine, sous un berceau qu'enveloppait un grand enlacement de glycines mêlées à des fleurs d'églantier qui mettaient une note rose pâle dans le concert des violets clairs s'étageant en grappes superbes, comme une broderie épiscopale, sur le manteau d'or du ciel où mourait le soleil.

La table était large et longue, très chargée de vaisselle ; car l'avoué donnait un grand dîner ce jour-là, un dîner de fusion politique : car M. le sous-préfet de Béval avait accepté son invitation et y devait rencontrer le chef du parti de l'opposition à Corbeil, le farouche Bourichon, la terreur des grands meuniers qui tenaient en main la fortune du pays. C'était au temps où les cinq suffisaient à menacer l'Empire, et maître Boisrobin, qui ne savait trop comment tourneraient les choses, mais qui savait parfaitement qu'il voulait être député, ménageait les choux et les chèvres, pensant justement qu'il fait bon souper des deux ensemble dans le suprême accord d'un ragoût. Les autres convives étaient des notables et des petites gens de bonne bourgeoisie, le ménage Vésinier, dont vous connaissez déjà une moitié, et dont l'autre était sourde comme un pot; le ménage Mirevent, où la femme était dévote et le mari voltairien; M. Minage, ancien receveur de l'enregistrement, poète à ses heures et auteur de quelques vaudevilles joués à Montargis, sa ville natale; le corps entier des officiers ministériels auquel appartenait l'amphitryon, leurs épouses... que sais-je encore ! On ne devait être guère moins de vingt et la question avait été gravement débattue de savoir si, dans une circonstance aussi solennelle, Gontran dînerait avec les grandes personnes. Elle avait d'ailleurs été résolue affirmativement, maître Boisrobin ayant déclaré que ce lui serait une excellente leçon de bonnes manières.

Maxime Aubry et Mme Boisrobin ne s'étaient pas hâtés de revenir de la gare. Le chemin leur avait semblé

bon ensemble, les bras doucement noués sous le coude, à marcher lentement dans ce déclin charmant de la journée. On avait mis des cailloux neufs sur la route, des cailloux très durs aux pieds et que maudissaient les autres promeneurs, mais non pas Maxime; car, pour y poser moins lourdement ses délicates bottines, sa compagne s'appuyait davantage sur lui et il n'en sentait que mieux le poids tiède et délicieux de sa personne alanguie. C'est ainsi que ce qui est tortures aux indifférents est souvent délices aux amoureux.

Ce fut une déception terrible pour Boisrobin quand ils revinrent les mains vides. Décidément la maison Chevet s'était moquée de lui. Voilà bien les vieilles réputations qui n'ont plus besoin de se confirmer par l'exactitude et par le zèle! Il était vraiment temps que tout changeât sous un gouvernement caduc et que place fût faite aux jeunes couches, qui avaient bien aussi droit à un peu de soleil. M. le sous-préfet entrait au moment où l'avoué achevait sa tirade révolutionnaire. Les derniers mots en expirèrent sur les lèvres de Boisrobin, qui les avait particulièrement dits pour le farouche Bourichon. Les invités étaient au grand complet et il était déjà sept heures et demie. Une grande inquiétude dans l'âme, l'avoué décida cependant qu'il fallait bien en finir et faire servir le potage.

Il est temps de vous dire, en effet, que le colis tant attendu était justement la pièce de résistance de ce magnifique repas, un glorieux mélange de savoureuses volailles palpitantes sous la fonte de leur gelée naturelle et accompagnées de sauces lucul'iennes où les dernières truffes de l'année avaient soufflé leur dernier soupir. L'amphitryon attendait un effet considérable de ce plat somptueux que devaient arroser les larmes emperlées du champagne, et l'absence de ce chef-d'œuvre eût été d'autant plus remarquée que rien n'avait été prévu pour le remplacer au moment psychologique et culminant du repas.

Dans cette atmosphère d'angoisse familière qui jetait un voile sur toutes les gaietés, on se mit donc à table. M. de Béval prit la gauche de Mme Boisrobin et Maxime lança à celle-ci un regard de reconnaissance infinie, quand il vit qu'elle lui avait conservé sa droite. Entre Mme Vésinier, qui, femme sentimentale sans enfants (à quoi diable les sourds peuvent ils cependant passer leur temps?), avait demandé à avoir Gontran auprès d'elle, et Mme Mirevent, qui avait expressément demandé à ne pas être la voisine du démagogue Bourichon, maître Boisrobin trônait, un souci olympien sur le front, le ventre un tantinet raboté par la table le long de laquelle son aimable rotondité roulait à chaque mouvement.

Et la première cuillerée de potage s'engloutissait dans un silence relatif, tandis que des lanternes vénitiennes s'allumaient aux tilleuls, dont les branches surplombaient en dôme flexible et arrondi le berceau de glycines.

Puis la conversation prit son cours banal, horrible, provincial et dont nous nous garderons bien de suivre les méandres inutiles, Maxime et Mme Boisrobin étant seuls intéressants parmi tous ces gens-là.

Ils se sentaient encore l'un près de l'autre, comme pendant l'excursion à travers les baraques de la Saint-

Spire; plus près encore, car leurs genoux se touchaient et mille intimités charmantes leur étaient permises sous la table, assez large pour que les pieds des vis-à-vis ne s'y pussent rencontrer. Pour n'être pas précisément celui des fleurs, ce langage n'en est pas moins un des

plus charmants que je connaisse et il n'y a que les imbéciles pour se moquer des joies ressenties sous la pression exquise d'un talon de femme scandant une pensée bienveillante en petits coups redoublés. On peut ainsi passer de longues heures sans craindre de dire une seule sottise et ce n'est pas déjà une occasion si commune dans la vie.

Ce qu'ils se disaient, n'est besoin que je vous le répète. Il y avait des souvenirs et aussi des espérances dans cet entretien mystérieux, et des reproches et des promesses, et tout ce qui fait la vie, pour qui vivre séparés ne serait plus rien. Le décor était charmant autour d'eux, bien que profané par la compagnie oiseuse à laquelle ils étaient condamnés, mais qui leur importait si peu! Tout ce bruit de mots qui était le silence pour les oreilles fermées de M. Vésinier était une rumeur confuse pour eux, un fond vague d'orchestre sur lequel chantaient toutes les harmonies vibrantes du dehors, le bruit lointain de la fête où des cuivres désespérés semblaient sonner l'appel des lumières; le murmure plus proche de l'eau qui coulait sous de larges lames d'argent et dans laquelle descendait, comme une roue détachée du char triomphant du ciel, une lune d'un or tremblant; le bourdonnement des phalènes mettant un bruit d'ailes dans l'air où passait, comme tamisée par d'invisibles azurs, la clarté blanche des étoiles; et les voix perdues dans l'espace qui rappellent l'homme vivant et souffrant dans la solitude radieuse des choses.

Tout cela les grisait et Maxime buvait vraiment une extase infinie dans ce contact de la femme aimée sous les premières caresses de la nuit. Mme Boisrobin portait une toilette légère, une simple robe de mousseline à pois comme c'était la mode alors, ouverte assez bas sur la poitrine et d'où montait pour son voisin un arome de chair sans cesse renouvelé, comme si les deux collines d'où il s'élevait possédaient une floraison éternelle; et des cheveux légèrement dénoués de la belle créature se dégageait aussi un parfum qu'on eût dit roulé sur les eaux d'un lac d'ambre. Sur ses épaules, sur son visage, sur ses bras et sur ses mains blanches, la clarté oscillante des lanternes de papier qu'agitait la brise faisait passer, flotter, trembler les ombres largement dessinées des feuilles de tilleul comme

des papillons noirs dont le vol descendrait sur de la neige, et c'était comme des hiéroglyphes qui couraient sur ce papier délicat, des caractères mystérieux où Maxime lisait des poèmes d'amour.

Elle ne grignotait pas bêtement comme de certaines mijaurées qui croient qu'un bel appétit déshonore et  dépoétise la femme. Elle mangeait à pleines dents et buvait à pleines lèvres, avec beaucoup d'entrain et de gaieté, comme une créature saine et puissante et qui sait bien qu'elle ne gagne qu'un charme de plus à se montrer dans l'épanouissement de cette vertu admirable qui est la santé, de cette fleur auguste qui est la jeunesse. Maxime, lui, la regardait en souriant, portant presque envie à tout ce qu'elle portait à sa bouche, rêvant une sensibilité chimérique à toutes les choses qui s'absorbaient, à réconforter cet être magnifique et qui, dans le grand destin des mystérieuses métamorphoses, n'avaient pas à regretter leur sort. Dans cette impression toute physique, toute charnelle, il sentait une indicible volupté.

C'est qu'il avait une tendresse vraiment passionnée et bien compréhensible pour cette femme dont la bonté égalait les charmes avenants, mariée à un sot doublé d'un ambitieux, et qui était devenue sa maîtresse à un moment de la vie où l'homme, considérant l'avenir ouvert devant lui, cherche une main pour rafraîchir sa main que brûleront les heures rudes et saintes du travail. Maxime était sûr maintenant de sa carrière et le succès du passé lui était un garant de toutes les espérances glorieuses conçues. Car il sentait, en lui, un ferment déjà rassis de maturité dont bénéficierait longtemps, comme un bon vin qui vieillit, l'œuvre pour laquelle il prévoyait une réelle durée. Il était donc confiant (bonheur rare ici-bas!) dans l'obscur chaos des heures à vivre dont nous ne savons pas plus le nombre que nous n'en pouvons compter le sourire et les larmes.

Il admettait en principe, à tort ou à raison, qu'un artiste ne se doit pas marier. Mais il avait l'âme trop haute pour ne pas éprouver qu'il faut un attachement vrai et profond dans la vie. La loyauté, la façon franche que Mᵐᵉ Boisrobin avait mise à se donner à lui n'avait pas peu contribué à l'attacher à elle.

Peut-être s'était-il inquiété tout d'abord de voir combien peu de temps elle lui avait tenu, comme on dit, la dragée haute. Mais il n'était pas des imbéciles qui prennent la coquetterie pour de la vertu, et il avait pu se convaincre ensuite qu'il avait été bien vraiment le premier à initier cette charmante personne aux délices tourmentées de l'adultère. C'était donc par un abandon qui était tout à l'honneur de la simplicité et de l'honnêteté de sa nature, sous le poids d'une attirance sans révolte, mais aussi sans provocation, qu'elle lui avait cédé, après quelques mots échangés la veille, dans un bal, un bouquet volé et un rendez-vous pris pour le lendemain. En faut-il donc davantage pour prologue à la comédie aimable ou au drame imprévu que sont nos liaisons ici-bas?

C'est à Paris qu'on était ainsi venu l'un et l'autre, et c'est à Paris qu'on continuait de se voir, dans un de ces appartements de garçon, sans domestiques dans les antichambres, qu'un simple tour de clef ferme à tout le monde et qui sont les lointaines images du paradis, avec leurs pots de fleurs agonisantes sur les croisées, avec leurs petits lits où l'on est si bien deux sous les draps dont, seul, on baise encore longtemps la toile parfumée. Qui n'a connu ces asiles, ces refuges, ces ports où vient mourir la grande rumeur citadine dans un silence volontaire, dans un recueillement où les cœurs s'entendent seuls battre, me paraît fort à plaindre en vérité.

Comme il arrive toujours en pareil cas, il avait fallu présenter Maxime à M. Boisrobin. Non que Mme Boisrobin fût une de ces femmes naïvement éhontées dont le premier désir est de lier immédiatement leur amant avec leur mari. Non que Maxime fût un de ces godelureaux cyniques qui prennent un plaisir pimenté à se moquer de l'homme qu'ils trompent. Tous les deux étaient d'impressions plus élevées, et, s'il faut être franc, tous deux souffraient du partage — il n'y a que les êtres foncièrement malpropres qui n'en souffrent pas — mais ils avaient subi une fatalité commune, celle qui donne à presque tous les époux outragés sans le savoir un penchant extraordinaire pour le quidam qui les rend ridicules, une sympathie instinctive, une tendresse embarrassante le plus souvent pour celui-là même qui en est l'objet. Quoi qu'elle fasse, avec cette puissance mystérieuse, aimantée, magnétique qui est en elle, la femme sert, malgré elle, de trait d'union entre les deux hommes qui devraient le mieux se haïr.

Et Mme Boisrobin en avait dû passer par là, bien qu'elle eût préféré, en honnête créature qu'elle était, autre chose. Elle allait constamment à Paris pour ses achats, Corbeil n'en étant séparé alors que par une heure qui est devenue maintenant une heure et demie, par le progrès des locomotions sur voies ferrées. Son mari — et jusque-là avait-il eu grand'raison — n'avait aucune méfiance d'elle. Il eût été très simple que cette liaison eût été complètement ignorée de lui et les deux amants en eussent été ravis. Mais bast! un maladroit avait présenté le célèbre peintre Maxime Aubry à M. Boisrobin, et M. Boisrobin s'était immédiatement pris pour celui-ci d'une insurmontable amitié. Trop de raideur à l'endroit de ses avances eût pu faire naître un soupçon, puis un danger. Et puis comment résister à ce facile attrait de rencontres continuelles, d'une façon de vie commune sous les yeux de cet aveugle bienveillant, de cet Homère du cocuaige, comme eût dit notre maître Rabelais?

Car Boisrobin n'y avait pas tenu que Maxime Aubry ne vînt passer une bonne partie de l'été à Corbeil, dans sa maison du quai de la Pêcherie, où il lui faisait fête à lui faire honte et semblait prendre à tâche de lui faire passer avec sa femme le plus de temps possible. *Quos vult perdere!* Ce genre de maris s'appelle légion. Et vous savez maintenant aussi bien que moi-même comment le peintre se trouvait là par ce beau jour de Saint-Spire où l'on attendait depuis deux heures de relevée un envoi de la maison Chevet qui persistait à ne pas arriver et où Mme Boisrobin et lui prenaient si philosophiquement cet accident en patience, grisés par l'air tiède du soir et se disant tout bas de douces choses, durant que la Seine s'acharnait à arracher de son flot transparent les clous d'or qu'y plantait le reflet des étoiles, et, découragée, fuyait vers la mer sous un grand scintillement de diamants qui semblaient tombés du diadème d'un ciel.

— Et vous m'aimerez toujours ainsi, Maxime? lui demandait-elle.

— Toujours! répondait-il avec une sincérité vibrante et retenue dans la voix.

A ce moment, une rumeur de leurs voisins les sortit de leur rêve.

— C'est trop fort, disait la voix sévère de M. Boisrobin, sa voix de tribunal quand il objurguait le ministère public et évoquait, devant les juges endormis, le spectre vengeur de la postérité guettant leur arrêt.

— Enfin, si le pauvre enfant ne l'aime pas! disait d'un ton suppliant Mme Vésinier.

— Je vous dis qu'il l'aime, madame, qu'il en est même très friand, qu'il en redemande deux fois toujours et qu'il en mangera à l'instant. Je n'aime pas les caprices, ventrebleu!

— Non! non! non! je n'en veux pas, sanglotait Gontran en enveloppant son visage de ses deux bras et les deux coudes en cornes autour du front, comme M. son père, lui-même, eût pu les porter.

— Soit, monsieur, fit l'avoué avec infiniment de dignité. Mais vous n'aurez pas de dessert.

Alors Gontran pousse des cris de putois en roulant sa tête dans son assiette.

— Qu'est-ce donc, mon ami? fit enfin Mme Boisrobin, qui se souvint qu'elle avait un fils.

— C'est votre monsieur Gontran qui a absolument refusé de manger de la mayonnaise avec son turbot.

— Ce n'est pas gentil ce que tu as fait là, mon chéri, fit, sur un ton de parfaite indifférence à cet acte de rébellion, l'excellente Mme Boisrobin.

— D'autant que cette mayonnaise est la plus exquise du monde, ajouta galamment M. de Béval en s'en servant une seconde cuillerée durant que les autres convives torchaient consciencieusement avec des bouchées de pain la sauce restée sur leur assiette, pour confirmer l'arrêt du premier magistrat de l'arrondissement et en répétant : « Exquise! exqu.. e! »

Tout à coup M. de Béval pâlit. Dans cette dernière cuillerée, un énorme hanneton mort faisait une tache marron, un hanneton mélancolique qui gisait au fond de la saucière.

Tous les gens qui s'étaient repus de la mayonnaise eurent un désagréable frisson.

— Tiens! voilà pourquoi je n'avais pas voulu en manger, fit Gontran toujours éploré. Je l'avais vu tomber des arbres.

— Petit malheureux! tu n'aurais pas pu le dire tout de suite! s'écria Mme Mirevent, à travers son mouchoir qu'elle avait posé sur sa bouche.

— J'avais peur de vous dégoûter, répondit, avec une extrême simplicité, l'enfant.

Et le repas reprit de plus belle, une excellente bouteille de vieux bourgogne ayant mis son parfum consolateur entre les estomacs et le souvenir de cette désagréable vision, et, de plus belle aussi, reprit le doux entretien des deux seuls êtres qui eussent vraiment mérité de boire ce vin délicieux qui met dans les veines comme un renouveau brûlant de désirs et de jeunesse.

De temps à autre, M. Boisrobin, avec une mimique désespérée, envoyait à la cuisine ou faisait poster des sentinelles dans la rue devant la porte. Le moment critique arrivait, celui où le plat de résistance devait clore magnifiquement le défilé des gobichonnades antérieures, le moment psychologique qu'attendait l'appétit intelligent de M. Vésinier, qui n'était nullement sourd des entrailles et savait se réserver pour les bons morceaux. Inquiet de ne voir rien venir, le doux gastronome adressait de muettes questions, avec le regard seulement, à sa femme, qui lui répondait par des signes d'étonnement partagé.

— Le dernier train arrive à neuf heures un quart, pensait maître Boisrobin, et il est neuf heures cinq.

Gontran se remit à hurler soudainement. Dans sa conversation mimique avec son époux, Mme Vésinier lui avait fourré un doigt dans l'œil. L'excellente femme lui fit infiniment d'excuses, l'enveloppa de caresses suppliantes, appela son mari vieux crétin, et cela passa toujours un peu de temps.

— Il y a bien dix minutes de la gare ici, pensa encore M. Boisrobin; autant dire vingt-cinq minutes à attendre encore.

Et une pensée subite lui passant par l'esprit :

— Mon cher Minage, fit-il gaiement à l'ancien receveur de l'enregistrement, est-ce que vous n'avez pas fait quelque joli couplet depuis longtemps?

M. Minage, ravi, minauda au-dessus de son assiette, tout en y tortillant les rouges débris d'une tomate farcie qui semblait son image reflétée dans ce miroir domestique.

— Heu! heu! fit le poète bureaucrate... Un petit, un tout petit, et... un peu leste. Je ne sais pas si devant ces dames...

Mme Mirevent mit ses deux mains sur son visage.

— Mais oui, mais oui! reprit Mme Boisrobin avec un bon sourire d'encouragement. Car le bonheur la rendait indulgente à toutes les faiblesses de l'humanité.

— Je m'exécuterai donc, fit le barde provincial, mais avant faut-il vous dire que ce madrigal dans le goût des poètes du siècle passé est dédié à une fort jolie femme nommée Collette.

— Justement mon nom, fit Mme Mirevent, comme c'est agréable!
— Il a dit : une jolie femme, ma chère, conclut

M. Mirevent, qui ne manquait jamais une occasion de dire une chose désagréable à sa femme.

— C'est sur un air du Caveau, continua M. Minage, et je vous demanderai la permission de le fredonner. Ce sera plus piquant.

— J'aurais mangé plus de turbot si j'avais pu penser que le rôti fût une chanson, se dit à lui-même le malheureux Vésinier, qui avait deviné l'horrible vérité à la pantomime de M. Minage.

Et celui-ci chanta :

> J'avais mis mon joli collet
> Pour faire ma cour à Collette,
> Le matin qu'elle s'en allait
> Cueillir au bois la violette.
> Bien que, l'y rencontrant seulette,
> Mon cœur n'en eut ce qu'il voulait,
> Et j'ai remporté mon collet
> Sans rien obtenir de Collette.

— Quelle horreur ! s'écria Mme Mirevent.

— Je ne trouve pas, répondit son mari en pourléchant sa longue barbe.

— Ça n'est pas avec ça qu'on aurait pris la Bastille ! fit avec un peu de mépris le farouche Bourichon.

— C'est tout à fait charmant, monsieur Minage, conclut avec beaucoup de grâce Mme Boisrobin.

— Et vous l'avez montré à cette demoiselle ? demanda Mme Vésinier.

M. Minage rougit.

— Après ce qu'elle vous avait montré, vous lui deviez bien ça, se contenta de dire bien simplement Maxime. Et il se prit à penser que Mme Boisrobin, elle aussi...

M. Minage s'était rassis avec beaucoup de fausse modestie dans les façons. Il allait être neuf heures et demie.

Un coup de sonnette retentit à la porte. M. Boisrobin se leva comme si un ressort l'eût poussé de dessus sa chaise. Il ne put contenir son impatience et se précipita vers la maison. Il faillit ainsi se heurter à son domestique, qui, aidé de la femme de chambre de Madame, apportait un panier d'osier très soigneusement ficelé et de très respectables dimensions.

— Enfin! fit l'avoué triomphant.

— Enfin! répéta l'excellent M. Vésinier, qui commençait à envier à Ugolin ses enfants.

Un murmure joyeux fit le tour de la table.

— Là! Là! Là! fit maître Boisrobin. Nous allons procéder nous-mêmes à la découverte. Ce sera plus tôt fait.

Et ayant fait poser au milieu de la table le colis, il prit un couteau pour en dégager le contenu.

Les ficelles étaient coupées : le couvercle sauta. Une fine lingerie était au-dessous. M. Boisrobin la souleva avec un soin infini pour ne pas effondrer les gelées. Un cri de surprise s'échappa de toutes les poitrines. Un enfant, un enfant superbe, un enfant vivant, était dans cette étrange enveloppe et, se réveillant, se mit à doucement vagir, une petite fille rose et blanche. En même temps, une fleur des églantiers qui se mêlaient aux glycines et formaient le berceau se détacha et vint tomber tout près des joues de la mignonne créature.

M. Boisrobin, anéanti, était resté son couteau à la

main, sans trouver un seul mot à dire. Mme Boisrobin et Maxime s'étaient élancés déjà vers le petit être et l'excellente femme, le prenant dans ses bras, calmait ses cris sous ses baisers.

C'était une grande rumeur à voix basse tout autour de la table. Les mauvaises langues affirmaient qu'il s'agissait là de quelque bâtard qu'une maîtresse délaissée renvoyait à Boisrobin, dont les mœurs étaient d'une médiocre austérité.

Celui-ci reprit enfin son aplomb et, trouvant admirable l'occasion de faire un peu de philanthropie, il apostropha l'enfant dans des termes sympathiques, le félicita du bonheur qu'il avait eu de tomber dans sa maison, casa là une bonne moitié du discours qu'il avait préparé pour l'inauguration de l'orphelinat dont il s'était fait le promoteur, et conclut en déclarant qu'il considérerait comme sienne la fille que lui envoyait le destin.

Mme Boisrobin, émue, sauta dans les bras de son mari, qui n'attendait que cette pathétique péroraison à sa harangue. Maxime, très ému, ne disait rien. Gontran regardait la nouvelle venue avec une curiosité étonnée et, je dois le dire, une bienveillance exempte de toute jalousie. M. Vésinier seul était vraiment furieux, et Mme Mirevent pensait : Voilà encore une pauvre petite âme qui ne sera pas élevée dans la crainte du Seigneur !

— Je vais emporter ce pauvre bijou dans ma chambre, fit Mme Boisrobin.

— Pas avant que nous l'ayons baptisé, fit Maxime.

Et pensant à la fleur qui était tombée le long du visage de la petite fille au moment où le panier s'était ouvert, il ajouta :

— Si nous l'appelions : Rose de Mai !

Et levant son verre où perlaient encore quelques gouttes d'un vin d'or, il les fit tomber au-dessus du berceau improvisé de l'enfant.

Tous les convives aussi levèrent le leur et Rose de Mai était saluée dans la vie, sous ce nom gracieux.

Quand Mme Boisrobin l'eut posée dans ses bras, Maxime la suivit quelques pas et lui dit à l'oreille :

— N'arrêtez rien avec votre mari que nous ayons causé ensemble.

Comme il regagnait sa place, les premières fusées du feu d'artifice tiré sur la rivière, en l'honneur de la Saint-Spire, montaient dans l'air, répétées par le mirage des eaux et semblant y enfoncer leurs têtes de feu.

Tout le monde s'accouda sur la terrasse. Des bouquets d'étincelles se doublèrent dans la Seine et les étoiles roses et bleues des chandelles romaines y tombèrent une à une. Puis ce fut la fantasmagorie des pièces montées représentant le pont de Corbeil. Un grand bruit de poudre accompagnait ce spectacle pyrotechnique.

En le contemplant, Maxime se représentait, à chaque gerbe s'épanouissant en poussière de flamme, la fleur soudain détachée de l'églantier, et cette canonnade lointaine et inoffensive était comme un fond d'orchestre à la chanson d'amour qui montait en lui.

La bombe d'adieu fut le signal du départ.

— Elle dort, venait de dire en descendant Mme Boisrobin, qui s'excusa avec une grâce parfaite auprès de ses invités, qu'un défilé rapide fit disparaître.

Et elle ajouta tout bas, pour Maxime seulement :

— A demain matin.

III

J'ai dit comment l'amitié intempestive, fatale, insupportable à celui qui en était l'objet de l'avoué pour Maxime forçait celui-ci à accepter l'hospitalité sous son propre toit, pendant les quelques jours qu'il passait à Corbeil. Je ne sais de plus rude épreuve pour un amant que cette habitation dans la maison même du mari. Maxime, plus que personne, en sentait les révoltes en lui. Il s'indignait de sa faiblesse. Mais quelle bonne raison eût-il pu donner à ce mari obstiné pour refuser? Il est certaines lâchetés assez douloureuses, par elles-mêmes, pour que tout leur soit pardonné. Une crainte dominait, en lui, tous les autres sentiments, celle qu'un soupçon de la vérité vînt à Boisrobin et que celle qu'il adorait fût à jamais malheureuse. C'était donc un vrai sacrifice qu'il faisait à sa tendresse en prenant ces tristes vacances que lui étaient une torture de jalousie et dont les nuits lui semblaient aussi longues que des siècles.

Il n'est donc pas étonnant que, le lendemain matin de fort bonne heure, il fût déjà dans le jardin mordillant une cigarette que sa méditation laissait éteindre

souvent. Avant même l'aurore qui monte de l'horizon comme une vapeur rose, ouvrant ses ailes comme un immense ibis, bientôt pareille à un paon dont la queue lumineuse et faite de rayons s'épanouit en éventail, il avait contemplé les clartés tremblantes de l'aube qui sont d'abord à l'orient, comme un vol de flocons de neige, comme une vague floraison de lis. Qui n'a goûté la paix de cette heure quand son cœur était profondément troublé en ignore les ravissements et les douceurs consolantes. Il y a cependant beaucoup de pitié pour nos douleurs dans ce silence que respecte même la chanson encore endormie des oiseaux. Avec un attendrissement que je ne saurais dire, Maxime revit, dans ce calme de la solitude, tous les endroits où Hélène — car il est temps de vous dire le prénom de Mme Boisrobin, que nous connaissons assez maintenant pour lui parler avec quelque familiarité — lui était apparue la veille dans ce brouhaha du dîner qu'avait clos un si étrange événement.

Vision charmante, fantôme exquis dont le poids insensible mettait encore une tiédeur sur son bras coudé pour y laisser appuyer sa main, elle le suivait dans sa promenade sur le sable tout mouillé de rosée. Elle lui parlait de cette voix pénétrante des absents et il lui répondait. Détournant ses yeux des persiennes fermées de la chambre où elle reposait encore — était-elle seule au moins ! et une angoisse le mordait au cœur — il la retrouvait partout où ils étaient passés ensemble. Sa chaise de fer sur laquelle elle était assise pendant le repas était encore à sa place. Dévotement il s'agenouilla pour la baiser, là où elle s'était posée, et ceux qui se moqueront de lui seront des sots. Tous ces enfantillages sacrés de l'amour sont ce que je sais de plus respectable au monde.

Devant la barre où tous deux avaient causé, en revenant de la fête, les deux petits pieds mignons et le bout de l'ombrelle d'Hélène avaient mis la terre à nu. Il y porta aussi ses lèvres et enfouit dans son gilet, comme une relique, une petite branche de clématite qu'elle avait torturée entre ses doigts, puis laissée tomber à terre au moment où ils se séparaient et qu'il n'avait osé ramasser parce que Boisrobin apparaissait au même moment.

Il regarda longuement la Seine. Le bateau d'où le feu d'artifice avait été tiré n'était qu'une masse noire que surmontaient des squelettes, toute cette architecture de bois qui sert à porter les divertissements pyrotechniques, et le reflet de toutes ces potences tremblait dans l'eau pleine de zigzags d'argent clair. Ce flot toujours mobile entre d'immobiles rives lui semblait une image du monde, image qui passait devant sa propre pensée, sans que celle-ci en reçût aucun ébranlement et suivît cette fuite des choses vers le grand océan de l'inconnu. Ceux qui aiment vraiment sentent en eux un élément immuable par rapport auquel tout se meut, comme dans la course qui, en emportant le voyageur, lui donne l'illusion du paysage marchant en sens inverse de son propre chemin.

L'ibis avait étendu toutes grandes ses ailes; le paon n'était plus qu'un point sombre dans le ruissellement de lumière qui montait de ses plumes rayonnantes. Le soleil avait posé son pied d'or sur les marches pourprées du ciel. La rêverie de Maxime se perdit un moment dans l'admiration de ce spectacle, tandis qu'un innombrable chant d'oiseaux était secoué comme un bruit de grelots par le souffle matinal passant dans les branches toutes luisantes encore des fraîcheurs de la nuit.

— A quoi pensez-vous, mon ami ?

Elle lui mettait en même temps, doucement, une main sur l'épaule.

Il se retourna et ce lui fut une émotion profonde de la revoir, après les choses cruelles qui lui étaient un instant passées dans l'esprit.

Hélène était vraiment fort belle dans son déshabillé de femme qui n'a fait qu'ébaucher sa toilette avant de descendre dans son jardin. Un peignoir d'un bleu clair, largement ouvert sur le devant, avec des plis nonchalants qui se tendaient, sans se briser, aux reliefs appétissants de sa personne, l'enveloppait, échancré au col de façon à laisser entrevoir, à la naissance des seins, un frisson de dentelle, ce soupçon exquis de chemise qui est comme une évocation de parfums. La jupe imparfaitement boutonnée sur le devant et dans le bas laissait voir jusqu'aux chevilles et, comme deux cerises tombées d'un arbre, les petites mules de maroquin faisaient une double tache rouge sur le gazon. Elle portait aussi, comme le ciel, une aurore au front, une aurore faite de l'or vivant de ses cheveux aux belles mèches révoltées traçant des volutes ou se déroulant en torsades, ou se brisant en mille brins comme un torrent contre une large pierre. Un poème vraiment que cette noble crinière encore tassée çà et là par la caresse prolongée de l'oreiller.

Et quelle fraîcheur était celle de son visage ! Car,

si les femmes savaient combien le matin sied, comme décor, à une beauté, quand elles en ont vraiment, il n'y aurait que les laiderons pour demeurer au lit... les laiderons ou celles qu'un aimable motif y retient. J'en appelle à tous les promeneurs que le coq éveille et qui ont vu, par les rues populeuses de Montmartre, descendre, pour le rude travail de la journée, ces admirables filles du mont Aventin de Paris que les peintres et les sculpteurs recherchent tant et qui semblent filles d'Athènes au temps de Phidias.

Mme Boisrobin semblait porter en elle l'âme de toutes les fleurs qui, pour Maxime, s'épanouissaient seulement dans le but de fêter sa venue.

— Que vous êtes bonne! lui dit-il d'une voix pleine de reconnaissance.

Et, tout en regardant d'un œil oblique du côté de la maison, dont les persiennes demeuraient obstinément fermées, il lui prit la main et la baisa longuement, sa main moite encore des chaleurs douces de sa couche.

— Il faut que nous causions sérieusement, lui dit-il, M. Boisrobin se réveillera bientôt.

Et elle jeta, elle aussi, sur la chambre de son mari un regard qui fut, pour son ami, comme une bienfaisante révélation. Puis elle l'entraîna, le bout de son doigt dans sa main, formant entre eux une chaîne alanguie comme une chaîne de roses, vers le banc où la veille ils s'étaient assis et, avec le petit geste maniaque qui lui était ordinaire, elle recommença à creuser le sable avec le bout de sa mule.

— Parions, lui dit-elle, que j'ai deviné ce que vous avez à me dire.

Il la regarda doucement, et, interdit, ne lui répondit pas, tout entier au bonheur muet de se sentir si près d'elle, dans le même air qu'elle emplissait de son parfum mêlé à celui des roses.

— Vous ne voulez pas parier ?

— Et que parierais-je ? lui répondit-il amoureusement. Que puis-je souhaiter quand je suis auprès de vous et que puis-je craindre, sinon que vous me quittiez ? Je ne voudrais pas risquer le bonheur d'une seule des minutes qui sont mon seul bien au monde.

— Ne pariez donc pas, reprit-elle, en souriant, mais convenez seulement que je lis à merveille et tout de suite dans votre pensée.

— Plût au ciel, puisque vous n'y pouvez rien trouver que de la tendresse pour vous !

— Ami ! fit-elle, en le regardant dans les yeux avec une expression d'affection loyale et vraie.

Puis, après un silence :

— Je suis certaine que vous voudriez adopter cet enfant.

Maxime eut, malgré lui, un soubresaut. Mais il se remit vite, et le plus naturellement du monde :

— C'est vrai, fit-il.

Elle lui serra silencieusement la main.

Et il ajouta : — Mais à quoi bon, puisque votre mari a la même intention et que c'est à lui que ce présent fut offert ?

Un sourire qui n'était pas sans quelque amertume passa sur les lèvres de Mme Boisrobin.

— Vous connaissez mal M. Boisrobin, dit-elle.

— Je le connaissais mal, en effet, car je ne le croyais pas susceptible du généreux sentiment qu'il a spontanément exprimé.

Pour le coup, Mme Boisrobin se mit à rire de toute la gaieté de son larynx et de toute la blancheur de ses dents. Elle était adorable ainsi, sa belle gorge à peine frissonnante sous la chemise, dans cet élan joyeux où tout son corps était secoué.

— Pauvre garçon! poursuivit-elle. Vous avez pris au sérieux toutes les belles choses qu'il a dites. Tenez, moi aussi, du reste, et je vous demande bien pardon, mon ami, de l'avoir embrassé devant vous à cette occasion. Ah! c'est un avocat qui ne manque pas de talent! Mais l'envers de son discours n'est pas précisément de même étoffe que le dessus. L'effet produit sur ses convives, il en a beaucoup rabattu de ses charitables desseins. — Y pensez-vous, ma chère, m'a-t-il dit, de vouloir élever cette petite intruse chez nous, au mépris des droits acquis de ce pauvre Gontran? Et quand elle m'apporte une occasion si belle de donner un peu de réalité à ma plus heureuse chimère! Comment, j'ai obtenu de l'État et du département une subvention pour fonder un orphelinat qui portera mon nom. Tout est prêt, sur le papier et sur le terrain, pour le fonctionnement de cette institution nécessaire. Il ne manquait absolument qu'une orpheline! Le hasard m'en envoie une, et dans des conditions qui sont pour faire du bruit dans le pays, et nous la laisserions échapper! Non, ma mie! Rose de Mai, puisque Rose de Mai il y a, sera ma première pensionnaire. Tout un matériel, tout un personnel, toute une administration va être mise à son service. Les fils de princes eux-mêmes n'en ont pas autant.

— Et qu'avez-vous répondu? demanda Maxime.

— J'ai mis M. Boisrobin à la porte de ma chambre.

Il la remercia en lui serrant doucement le bout des doigts.

— Oui, vous avez deviné toute ma pensée, Hélène, poursuivit-il. Je n'ai jamais eu l'intention de me marier, même avant le jour où je vous ai rencontrée, vous qui ne pourrez jamais être ma femme, vous la seule dont j'eusse voulu nouer la vie à la mienne par d'indissolubles nœuds. J'ai toujours eu pour les enfants une tendresse que je ne peux vous dire. J'ai été tour à tour si gâté par ma mère et si malheureux après l'avoir perdue. Tout ce qui est chez moi instinct de protection se reporte sur leur faiblesse. Ce n'est pas paternel chez moi, c'est fraternel, le sentiment du grand frère qui aime à veiller sur les petits. Il y a longtemps que j'éprouve cela, instinctivement, sans m'en rendre bien compte, quand je passe aux Tuileries, où toutes ces petites têtes blondes tournent autour de moi, comme une constellation de comètes tombées du ciel. Et leurs voix ont un charme que n'a pas même pour moi le chant des oiseaux. J'ai envie de rire de leur rire et de pleurer de leurs larmes.

Et, comme Mme Boisrobin le contemplait avec une tendresse redoublée :

— Mais jamais, continua-t-il, cette émotion n'avait été si forte que devant cette enfant si ridiculement venue et pour qui une fleur nous a la première dit un mot de pitié. Celle-là, pensai-je, c'est celle-là que je voudrais entourer de toutes les sollicitudes qui me pèsent, pour qui j'aimerais mieux le travail, que je voudrais voir grandir, en me disant qu'elle me doit tout au monde.

— Cela sera si vous voulez, mon ami, lui dit M@+me+@ Boisrobin, mais à la condition que je vous y aide.

Et elle ajouta :

— Je veux aussi aimer cette enfant comme mienne. Je veux qu'elle soit un lien nouveau entre nous, Maxime, un lien cher et fait du meilleur de nous-mêmes puisque c'est nos deux cœurs qu'il réunira dans le même dévouement, dans le même sacrifice.

Ses yeux, à lui, s'illuminèrent d'une grande joie. Comme ils s'étaient profondément, l'un et l'autre, compris!

Et, par un de ces bonds étranges de la pensée, qui a surtout des ailes quand elle s'appelle l'espérance :

— Je lui gagnerai une belle dot! fit gaiement Maxime.

— Et moi, je lui procurerai un bon mari! ajouta Hélène.

Et elle resta un instant mélancolique, après avoir dit ces mots. Avait-elle aperçu, à travers les enlacements du chèvrefeuille qui étendait comme un rideau odorant autour du banc où ils étaient assis, la vilaine face de maître Boisrobin ouvrant les volets de sa chambre, et dont le foulard, noué en pointes au-dessus du front, surmontait de deux antennes la tête de hanneton?

Dans tous les cas, elle entendit le bruit qui se faisait à la fenêtre, car elle reprit :

— Voici M. Boisrobin réveillé. Je vous l'enverrai tout à l'heure.

La croisée s'était refermée et les rideaux étaient retombés le long des vitres, comme ils s'en assurèrent par un regard oblique à travers les verdures embau-

mées. Ils en profitèrent pour sceller dans un long baiser le pacte qui venait de resserrer encore leur tendresse. Et, dans le silence de cette caresse, la même idée leur vint que cela porterait bonheur à la petite fille qu'on se fût ainsi aimé auprès de son berceau. Hélène quitta brusquement Maxime sans ajouter un mot de plus, et il la suivit des yeux dans le frissonnement exquis de sa robe qui balayait le sable, de sa longue robe matinale qui laissait admirer les souplesses aimables de son corps, libre de corset et de jupes empesées, de son corps tout languissant encore des lassitudes charmantes du réveil. Quand elle disparut, il lui sembla qu'elle avait emporté, dans sa belle chevelure défaite, tout l'or du soleil qui y était venu boire les gouttes de rosée tombées du chèvrefeuille en fleurs.

Il se mit alors à arpenter lui-même les allées et à méditer sur la bonne action qui venait de faire sœurs leurs âmes amantes, par une de ces transformations douces de sentiment en qui les affections vraies se renouvellent sans cesse. Comme des touffes d'asters, d'où son passage, le long des plates-bandes, soulevait un vol de papillons blancs et de bourdons au ventre de velours brodé d'or, un frémissement d'ailes et un murmure d'élitres, mille projets montaient de sa pensée vers un inconnu bleu et profond comme le ciel. Il entrevit des joies infinies dans ce dévouement à deux, et une fierté soudaine lui vint de ne se plus sentir bon qu'à soi au monde. Il verrait grandir, auprès de lui, une œuvre moins immortelle peut-être que celles de son art, mais où ne s'affirmerait pas moins son génie. Car il la ferait à l'image des perfections qu'il avait conçues, cette enfant qui, comme l'inspiration, lui venait de Dieu. Elle serait belle, sans doute, et certainement elle serait bonne. Il lui ferait aimer tout ce qui est vrai, tout ce qui est noble, tout ce qui est grand.

Tout cela se ferait le plus simplement du monde. Pour le présent, il ne voyait aucune difficulté pratique. Sa nourrice à lui, la mère Toutain, pour qui il avait conservé une réelle tendresse, dont la discrétion lui était assurée, se chargerait certainement d'élever la petite fille pendant les premières années. La vieille

femme qui habitait Saint-Cloud, sur la colline de Montretout, dans le meilleur air du monde, avait du bien-être qui serait augmenté de ce chef, et sa fille Victoire, une veuve jeune encore qui vivait avec elle, l'aiderait avec intelligence, en femme entendue et patiente. Rose de Mai resterait entre leurs mains jusqu'à l'âge de huit ans; on verrait ensuite à lui donner des maîtres, mais sans l'isoler de la nature, où elle aurait recueilli ses premières impressions en regardant les fleurs s'ouvrir et en entendant chanter les oiseaux.

Et il se la figurait déjà, quelques années plus tard, en robe blanche, comme Ophélie, coiffée d'un grand chapeau de paille et promenant, dans les allées vertes, cette mélancolie charmante des jeunes filles qui sentent comme un printemps intérieur s'épanouir en elles et de mystérieuses larmes mouiller leur sourire, comme les pluies d'avril traversant un rayon de soleil.

— Bonjour, Maxime, fit une grosse voix auprès de lui.

C'était maître Boisrobin, qui était, lui aussi, descendu dans le jardin. L'avoué avait remplacé, pour cette promenade, son foulard à double aigrette par une façon de bonnet grec bleu soutaché d'argent que sa femme lui avait brodé pour sa fête, tout en ayant bien envie de rire. Vous avez pu remarquer déjà que le souci de sa coiffure jouait un grand rôle dans l'existence de ce moderne Chicanous. Nous l'avons rencontré avec une casquette apollonienne, aperçu sous un matras bariolé; nous le retrouvons avec un fez européen sur l'occiput. Trois heures après, nous l'aurions pu voir, sous sa toque d'avocat, un gâteau de Savoie dont il se surmontait avec un orgueil tout professionnel. Ce qui se passait dans sa tête était certainement moins intéressant et surtout moins varié que ce qui se passait dessus. Il prenait un soin vraiment ingénieux à envelopper ce néant, et, — comme du canon que définissait un troupier, — on aurait pu dire de sa cervelle que c'était un trou autour duquel on avait mis du drap. Ce genre de vide bien mis est ce qui caractérise l'homme politique au temps où nous vivons.

— Bonjour, monsieur Boisrobin, soupira Maxime.

L'avoué lui prit affectueusement les mains :

— Vous savez, mon cher, ce que vous voulez faire est admirable, simplement.

— Mme Boisrobin vous a dit...

— Hélène m'a tout dit, mon cher. Ah! mon pauvre Aubry, vous voilà chatouillé aussi de la tarentule philanthropique! J'ai peut-être à me reprocher cela. C'est en m'entendant souvent parler des enfants des autres avec sollicitude, intérêt, compassion, que vous vous êtes lentement imbu des mêmes idées que moi. J'ai donné l'impulsion aux générosités natives de votre cœur. Vous m'allez devoir bien des joies pures et bien des orgueils innocents!

— Et je vous en remercie, mon cher hôte, interrompit Maxime, à qui ce discours commençait à donner sur les nerfs. Alors, vous consentez...

— A vous céder l'orpheline! De grand cœur, mon ami, et c'est un sacrifice où je prouve, une fois de plus, mon amitié pour vous. Car j'en avais besoin précisément d'une...

— Mme Boisrobin me l'a dit.

— Et Mme Boisrobin m'a fait observer qu'il serait d'un effet infiniment meilleur que ma première pensionnaire fût une petite fille du pays, où l'on en parlerait bien davantage que d'une inconnue tombée on ne sait d'où. Dieu merci, nous ne manquons pas ici de filles-mères. Et puis, si vous aviez su la première pensée de ma femme !

— Quoi donc ? demanda Maxime.

— Ne voulait-elle pas élever cette enfant elle-même, ici, avec Gontran, qui, dans dix ans, sera un vrai polisson ? Me voyez-vous gardien de l'honneur de ma fille adoptive !

Cet ordre d'idées peu délicates fit passer un froncement dans les sourcils de Maxime.

— C'est, en effet, un grand danger dont je vous délivre, mon cher Boisrobin, et une grande joie que je me fais à moi-même.

Il sembla que le soleil, un instant voilé, déchirait son rideau de nuages. Hélène apparut sur le perron, tenant dans ses bras la petite Rose de Mai, dont les mains, avec les imperceptibles palpitations qu'ont les ailes d'un oiselet qui ne vole pas encore, essayaient de saisir une des boucles blondes qui flottaient, échappées, sur l'épaule de Mme Boisrobin.

— Je vous laisse avec votre fille. Vous devez avoir bien des choses à vous apprendre l'un à l'autre, fit l'avoué avec son gros rire. Et il ajouta :

— Tu nous feras déjeuner de bonne heure, Hélène. J'ai une audience chargée et je n'aurai vraiment pas de chance si je ne mets pas sur la paille beaucoup de gens aujourd'hui.

Car cet aimable officier ministériel plaisantait volontiers et avec une grâce singulière sur les infamies que comporte sa profession.

— Ouf! pensa Maxime, considérablement soulagé. Et il s'en fut au devant d'Hélène.

Il faut convenir que la vraie gloire de Raphaël lui vient surtout du thème admirable qu'il a constamment développé : la femme jeune et d'aspect encore ingénu avec un enfant dans les bras ou sur les genoux. Mme Boisrobin n'avait assurément rien de virginal dans l'aspect et rien n'était moins mystique que sa beauté faite de séductions doucement charnelles. Mais qui dira les reflets que la pensée met sur les fronts, et tout ce qui procède de l'âme dans notre façon de paraître ? Était-ce la pureté de l'impression qui lui venait de cette enfant que ses flancs n'avaient pas portée et pour qui cependant elle se sentait mère ? Était-ce l'effusion de son cœur rajeuni par un surcroît de tendresse présageant des bonheurs inconnus ? Toujours est-il que le rayonnement du dedans au dehors, de l'immatériel à ce qui ne l'est pas, était visible en elle. Certes elle faisait penser à ces madones bien portantes, après tout, où le Sanzio n'a pas tant oublié la chair qu'on nous le voudrait faire croire, lui, le plus admirable païen qui ait touché à la légende chrétienne!

Maxime fut vivement frappé de ce souvenir artistique. Je ne sais quoi de religieux l'arrêta sur son chemin, et c'est Hélène qui fit les derniers pas vers lui, en écrasant un sourire dans un baiser sur le front de la petite fille qui lui tenait toujours le bout des cheveux.

Ils marchèrent un instant, l'un près de l'autre, sans rien se dire, mais en se regardant et en se disant, au

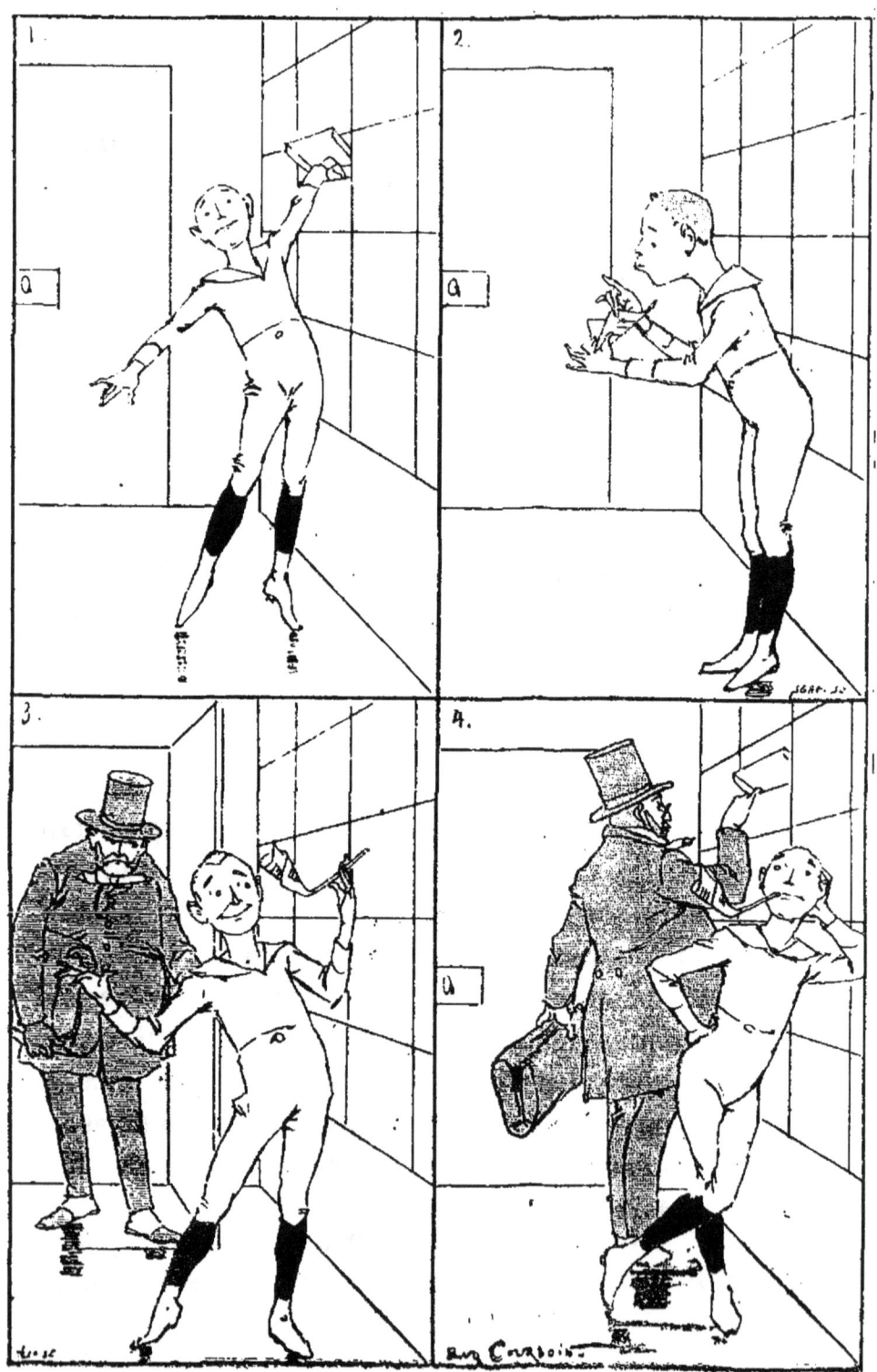

fond, beaucoup de choses. Ils arrivèrent ainsi à l'endroit où le jardin se coudait et s'enfonçait, pour ainsi parler, dans un quinconce où l'on ne pouvait plus rien voir des fenêtres de la maison. Alors ils firent halte. Maxime tendit, comme au hasard, sa bouche vers ce groupe debout devant lui et ses lèvres coururent de celles d'Hélène à la petite figure rose de Rose de Mai, comme s'il enveloppait ces deux tendresses dans une seule, dont son cœur était à jamais rempli. Et dans cet éblouissement qu'une caresse partagée fait passer sur nos yeux, dans ce frisson où elle fait vibrer nos moelles, il vit passer je ne sais quel fantôme radieux de la vie qui lui emplit les paupières de larmes joyeuses. Mme Boisrobin n'était guère moins émue que lui. En mots entrecoupés ils se jurèrent d'être à jamais unis autour de cette frêle destinée.

Deux jours après Maxime emportait Rose de Mai, à qui Hélène avait fait elle-même un trousseau, ayant passé deux nuits de suite à ce pieux ouvrage. Mais on devait se revoir bientôt.

Il avait pris le train depuis une heure quand Mme Vésinier vint faire une visite à Mme Boisrobin. Elle avait décidé son mari, le sourd endiablé, à lui laisser adopter cette petite fille tombée du ciel. Elle eut, la digne femme, un vrai chagrin d'apprendre que la chose était déjà faite. Heureusement que, pour faire diversion, elle eut à consoler Gontran à qui son père venait d'envoyer un magistral coup de pied dans les chausses pour avoir fait une pipe en papier avec une lettre tombée d'un dossier, lettre qui lui aurait permis de ruiner une famille tout entière, ce qui est toujours une bonne occasion.

IV

Tout s'était passé comme l'avait prévu, comme l'avait voulu Maxime. La mère Toutain avait pleuré de joie en voyant son ancien nourrisson lui apporter la petite Rose de Mai. Seulement elle avait absolument refusé de croire que cet enfant ne fût pas le sien. Comme il protestait :

— Ne me dis pas ça, fiston, dit-elle, je l'aimerais moins !

Et elle ajouta toutes sortes de choses sur ce qu'il n'y avait aucun mal à ça. Maxime dut se résigner. Victoire aussi, la veuve, la fille de la mère Toutain, fit un accueil plein d'affection à la petite fille. Ainsi, pour recevoir le petit être abandonné, toutes les tendresses semblèrent surgir de la terre, comme une floraison, et il eût fallu n'être guère superstitieux pour ne pas prédire un avenir heureux à l'enfant dont un églantier lui-même avait fêté la venue.

Ce fut un temps très heureux qui commença pour Maxime et pour sa maîtresse.

Mme Boisrobin avait mis Gontran au collège à

Paris. Elle avait même à se reprocher d'avoir poussé son père à ce parti avec un entrain où le sentiment maternel n'avait pas pris grande part. Elle avait même

été médiocrement sincère, en faisant valoir à son mari les avantages de cette grande éducation publique qui apprend aux enfants à être tout de suite de petits hommes, ambitieux, jaloux, sans rêverie, pratiques, et qui les forme mieux qu'aucune autre à cette lutte pour l'existence, laquelle est sans doute, une condition vitale pour l'humanité, mais qui assurément n'en est pas l'honneur. Maître Boisrobin n'entendait que trop volontiers de cette oreille. Aussi Gontran fut-il expédié au lycée, malgré ses protestations et les beaux discours qu'il fit à son père sur le respect de la liberté individuelle dont il se présentait bruyamment comme un des martyrs.

Qui eût lu dans le cœur d'Hélène y eût surtout trouvé le désir d'avoir une raison pour aller plus souvent encore à Paris que par le passé. On avait oublié plusieurs choses essentielles dans le trousseau de Gontran. Puis il eut un gros rhume, qui exigea un séjour à l'infirmerie. Enfin, tout doucement, Mme Boisrobin prit l'habitude d'être sans cesse en chemin de fer et n'y eut pas d'ailleurs grand mérite ; car son imbécile de mari était trop absorbé par la procédure, d'une part, et par la politique, de l'autre, pour en concevoir le moindre souci.

Et Paris est si près de Saint-Cloud !

L'été de 1868 fut, pour Maxime et Hélène, un été de Paradis terrestre. Sans cesse les rencontrait-on, devançant beaucoup ou suivant de loin Victoire qui poussait devant elle le petit chariot tout empanaché de dentelles où Rose de Mai était couchée, dans ce bois merveilleux qui longe et domine la Seine, tout en pente, avec une magnifique allée au sommet que tous les amoureux connaissent, où chantent les rossignols, tandis que, sur les bancs lointains, un bout de culotte rouge et un bout de tablier blanc, dépassant l'alignement des arbres, révèlent les tendresses d'un tourlourou et d'une payse, pour qui est aussi bien fait l'hymne des oiseaux que pour les grands seigneurs et les haultes dames, familiers autrefois de cette royale avenue. Je ne dirai pas les heures délicieuses qu'ils y passèrent à faire des projets pour Rose, à parler aussi de leur amour qui, pour être vaguement sanctifié par un bienfait, n'en demeurait pas moins vivant et noblement charnel comme il convient.

Encore moins les suivrai-je dans les allées plus ombreuses qui descendent en serpentant, et presque à pic, vers le fleuve dont le murmure se mêle au frémissement de leur feuillée, où les talus d'herbe fraîche toute mouchetée de marguerites blanches et de crocus, tentent les lassitudes volontaires et les convient à un rustique repos.

Ils n'ignorèrent aucun des coins de ce jardin de grâce qui enveloppe encore aujourd'hui les ruines où s'abat, le soir, le vol tournoyant des corneilles, après le magnifique parterre où triomphe, en automne, l'orgueil sans parfum des dahlias, où les narcisses ouvrent au printemps leurs yeux à la prunelle jaune comme celles des chats, où les lys élèvent vers le ciel la soif de leurs lèvres décolorées. Oui, tout leur devint familier de ce beau paysage que se rappelleront toujours ceux qui ont aimé.

Ils y vinrent au temps de la fête légendaire et, dans le brouhaha des grosses caisses tonnant, des cymbales éternuant, des trombones s'étirant, ce leur fut encore une chose douce au cœur de se rappeler cette fête de la saint Spire où nous les avons rencontrés tous deux, à Corbeil, pour la première fois, cachant leur bonheur silencieux dans cette gaieté désordonnée de la foule.

Et Rose de Mai s'épanouissait à vue d'œil dans cet air salubre, sous cette protection savante de tous les jours qu'ont pour les enfants, les vieilles femmes de la campagne, sous le redoublement des caresses qui lui venait, plusieurs fois la semaine, de ces arrivants de Paris et de Corbeil dont les cœurs s'étaient donné rendez-vous là, à ses petits pieds qui se révoltaient déjà contre les étreintes des langes.

Une fois le courage manqua à Hélène pour regagner le dernier train qui eût pu la ramener chez elle. La nuit tombante était si magnifique à Saint-Cloud avec ses étoiles perçant une à une l'obscure limpidité du ciel; avec ses souffles tout chargés du parfum des fleurs mortes qui mettaient des misérérés amoureux aux petites branches vibrantes comme les cordes de harpes éoliennes; avec sa lune pâle encore surgissant des profondeurs de l'azur comme un vaisseau longtemps submergé; avec ses grandes nappes d'argent étendues sur la Seine comme pour le repas des farfadets dont les ailes, — telles celles des libellules, — aiment à caresser la surface de l'eau. Ils se dirent qu'il était fou de se quitter devant une telle joie qui semblait descendre du ciel exprès pour eux et qu'il serait sacrilège de déserter cette nature clémente à leur tendresse, et qu'une telle nuit ne se retrouverait peut-être jamais !

Ils eurent raison sans doute car ce leur fut une longue ivresse que ces heures d'ombre dans la grande solitude des choses, dans le recueillement enchanté qui se faisait soudain autour d'eux.

Ce qu'ils connurent de délices au revers des gazons qui descendent jusqu'à la berge ; au seuil des grands bois qui montent jusqu'au château ; enfin dans la chambre d'auberge où ils se réfugièrent pour attendre le matin ; je ne tenterai certainement pas de vous le dire.

Hélène revint à Corbeil pour déjeuner seulement. Son mari était déjà parti pour l'audience. Elle lui dit à son retour qu'elle avait été souffrante, et il l'engagea vivement, sans s'en inquiéter davantage, d'ailleurs, à faire un peu de médecine Raspail, le citoyen Bourichon l'ayant converti absolument à la thérapeutique de ce grand républicain. Pour un peu, il lui aurait conseillé de changer d'air. *Quos vult perdere Jupiter !* est décidément bien écrit pour les maris trompés.

L'année qui suivit, Maxime Aubry eut son plus beau succès au Salon, avec une idylle dont le décor était ce merveilleux paysage de Saint-Cloud où, dans les profondeurs boisées de la côte, Virgile eût volontiers promené les tendresses de Gallus, les cruautés de Lycoris, assis Tityre sous l'ombre lente des arbres

et mis le pipeau vainqueur aux lèvres savantes de Ménalque. Son tableau représentait deux amants de cet âge héroïque et doux effeuillant ensemble une fleur d'hyacinte, les bouches mêlées dans un baiser.

— Mon cher ami, fit Boisrobin enthousiasmé, le jour de l'ouverture de l'Exposition, je ne vous ai jamais rien demandé. Mais je serais le plus heureux des hommes si vous pouviez me donner ce tableau!

Hélène eut une effroyable envie de rire.

— Avec grand plaisir, mon cher Boisrobin, fit sans hésitation Maxime, qui pensa que ce serait une douceur pour Hélène, d'avoir, même chez elle, le souvenir de ce décor où tous deux avaient joué la divine pièce où Boisrobin n'avait figuré qu'à la cantonnade, comme l'altière Vasti d'*Esther* et pas mal d'autres héros de théâtre dont le public n'a jamais connu le nez, mais qui sont cependant essentiels à la comédie.

L'avocat eut un redoublement d'enthousiasme. Il demeura une heure en contemplation véhémente devant le chef-d'œuvre qu'il croyait avoir eu pour rien. Et sa conclusion, en se retirant enfin, fut celle-ci, qui donnait bien, en effet, toute la physiologie de cette poétique composition :

— Voilà deux mâtins qui n'ont pas dû s'embêter!

C'était aussi l'avis de Maxime et d'Hélène.

Ce Salon-là valut donc à Maxime un double succès : succès de public et succès plus intime qui lui alla bien plus droit au cœur.

Mais ce fut des joies qu'il dut bientôt oublier comme tous les Français en qui n'était pas mort l'immortel souci de la Patrie. Quelques mois, quelques mois heureux encore sous les caresses d'un été pareil à l'autre, plein de promenades ombreuses et de siestes douces à deux, avec des rossignols chantant dans les branches et de grands papillons abattant le double repos de leurs ailes horizontales sur le large cœur des roses trémières, avec le bruit lent du fleuve pour bercer la rêverie et le grisant parfum des fleurs sauvages pour réveiller le désir; toutes les ivresses passées renaissant dans les ivresses présentes, doublées par la magie du souvenir et le sourire de Rose de Mai sur tout cela, ce beau sourire d'enfant qui leur semblait comme une absolution venant du ciel.

On sait au milieu de quel enthousiasme peu divinateur la guerre fut déclarée. M. Boisrobin se distingua par son humeur prussophobe. Il ne voulait faire qu'une bouchée des armées allemandes et le premier, à Corbeil, il cria, au sortir du tribunal où il venait de gagner une affaire: A Berlin! Le confrère qui venait de perdre contre lui et qui était moins optimiste, lui déclara qu'il regardait comme une imprudence de s'aventurer jusque-là, et il citait l'exemple de Napoléon, qui s'était mal trouvé de vouloir occuper Moscou.

— Napoléon était un imbécile! répliqua aigrement l'avocat.

Maxime, qui arrivait de Paris, se trouva juste à point pour entendre cet arrêt de l'histoire.

— Vous exagérez, ne put-il s'empêcher de répondre à maître Boisrobin.

— Peut-être, mon cher, mais, dans tous les cas, nous ne finirons pas comme lui à Waterloo.

— Et nous ne commencerons vraisemblablement pas davantage par Austerlitz.

L'homme de loi considéra curieusement le peintre avec un peu de moquerie douce dans le regard.

— Vous n'êtes pas sûr de la victoire, mon cher Maxime? reprit-il.

— Je n'y crois pas, répondit très sérieusement Aubry.

Et une grande mélancolie lui passa dans les yeux, quelque chose comme une expression d'angoisse, tandis que le maître procédurier s'esclaffait en faisant claquer ses doigts rougeauds comme des castagnettes.

— Mais je quitte Béval, fit-il avec compassion dans l'accent. Il a reçu des nouvelles du ministère et il est infiniment probable que les Allemands n'oseront même pas se mesurer à nous? Ils traiteront avant les premières batailles et nous cèderont la Bavière. C'est comme si c'était déjà fait.

Maxime avait une raison excellente pour ne pas partager la confiance commune: c'est qu'il ne partageait pas non plus l'ignorance générale. Il avait voyagé en Allemagne deux ans auparavant et ce qu'il y avait vu l'avait édifié sur la force réelle d'un peuple dont la patiente rancune était devenue le génie. Rien ne semblait cependant présager alors que la revanche fût si prochaine pour ces vaincus silencieux. Cette promenade par delà le Rhin, Maxime l'avait faite dans les conditions les plus charmantes du monde, en compagnie d'un camarade d'atelier qui l'avait invité à venir passer un mois dans sa famille, Karl Steuben, un garçon qui ne manquait pas de talent et qui déclarait à qui voulait l'entendre qu'il aimait mieux la France que sa patrie. Et comment ne pas croire ce gros garçon jovial, aux façons franches, à la bouche souriante sous ses longues moustaches blondes, riant lui-même de son accent et sachant merveilleusement notre langue, un bon enfant, s'il en fut, et qui buvait, comme pas un, la bière hospitalière de Paris en compagnie d'un tas de bons gobe-mouches de peintres et de sculpteurs pleins pour lui d'une tendresse fraternelle ?

Karl avait pour Maxime une admiration probablement sincère et une prédilection certaine. Il lui avait fait les honneurs de son pays avec infiniment d'entrain et une cordialité communicative, le présentant à tous ses compatriotes qui lui faisaient fête. Maxime n'en éprouvait pas moins un sentiment de malaise indéfinissable dans cette compagnie joyeuse, dans ce monde affectueux à l'excès; dans ce bruyant étalage de fraternité devant les chopes mousseuses et dans la fumée des longues pipes de porcelaine, on eût dit qu'il pressentait du levain de haine. Il fit de son mieux pour répondre galamment à un tel accueil, mais sans avoir pu s'abandonner un seul instant. Et quand il avait repassé la frontière, bourré de bibelots et de charcuterie par ses hôtes qui avaient franchi leur territoire pour l'embrasser une dernière fois, une vague inquiétude était en lui de ce que pouvait valoir cette tendresse en qui se sentait quelque chose de volontaire, un voile tendu devant d'obscures espérances et de mystérieux projets.

Chose étrange! il n'avait plus revu, à Paris, Karl Steuben avec le même plaisir. Il se reprochait même son ingratitude à l'endroit d'un ami qui n'avait rien négligé pour lui rendre agréable le voyage. Karl Steuben avait d'ailleurs fait des excursions de plus en plus

fréquentes en Allemagne et il y avait fort longtemps qu'il ne l'avait rencontré quand il apprit qu'une quereelle de peuples en faisait son ennemi.

Tournons rapidement les pages sanglantes de l'histoire, nous qui ne voulons raconter qu'une histoire d'amour. Le vent des défaites avait tout à coup soufflé dans les drapeaux interdits de la France et les nouvelles fatales arrivaient, se pressant l'une l'autre, comme les vagues furieuses d'une mer, avec des bruits de sanglots et des rumeurs de colère. Vaincus! toujours vaincus! Pas une pitié de la victoire! Les régiments s'écrasaient sous les mitrailles et les canons embourbés tendaient, par les chemins, leurs gueules béantes et muettes, comme pour demander justice au destin. C'était l'écroulement d'un rêve de gloire dans un océan de sang, le soleil descendant vers les horizons rougis qui l'engloutiront dans une fumée de pourpre. C'était la nuit, la nuit inattendue, escaladant les cimes et projetant partout de grandes ombres. Le cœur s'ouvre encore comme un tombeau mal fermé au souvenir de ces heures néfastes et qui n'en sent pas encore au front la honte s'est trop vite lavé le visage aux lâches eaux du Léthé.

Et comme les désastres se suivaient, et qu'on eût dit une chevauchée de malheurs descendant de la frontière, les enrôlements volontaires commencèrent : des soldats s'improvisèrent; des petits-fils de Sambre-et-Meuse se retrouvèrent un cœur. Maxime le sentit battre en lui. Il allait courir à la mairie voisine, quand Hélène, qui avait des pressentiments d'amante, se dressa devant lui.

— Tu ne le peux pas, dit-elle.

Et, comme il la regardait des larmes dans les yeux — car il avait beaucoup souffert, en quelques instants, à l'idée de ne la revoir jamais — elle lui tendit la bouche, non pas aux lèvres comme toujours, mais au front, comme pour une caresse de mère ou de sœur.

— Et Rose de Mai? fit-elle, en lui parlant de si près, que son souffle lui mettait un frisson dans les cheveux.

— Tu ne songes pas, poursuivit-elle, que les vrais pères, eux, peuvent partir. Ils ont pour défendre ceux qui restent derrière eux le respect de la famille et la protection des lois qui ne condescend qu'aux réguliers de la vie. Mais une enfant qui n'a même pas de nom! Tu aurais beau mourir pour ton pays, qui penserait à reporter sur elle le prix de son sacrifice, comme on fait pour les légitimes rejetons? As-tu le droit de courir volontairement à la mort, quand tu portes en toi une autre vie avec la tienne, une vie que Dieu t'a confiée, innocente, sacrée, une vie non encore vécue?... Ne me dis pas que je suis là. Qui sait ce que je deviendrai; et puis, que peut une femme? Reste, reste par pitié pour elle! par pitié pour moi!

Comme il se sentait profondément troublé et ne répondait pas, une grande rumeur emplit soudainement la rue. La République venait d'être proclamée au bout du pont de la Concorde et c'était comme un torrent qui se répandait partout emportant la nouvelle. On vociférait, on criait, on se réjouissait.

Maxime eut un sursaut de dégoût devant cette gaieté populaire oubliant le sinistre du matin. Car Napoléon III était captif à Sedan et c'était un grand fouillis de drapeaux déchirés sous le pied de l'ennemi. Quelques jours encore et les Prussiens seraient devant Paris. N'était-ce pas Paris qu'il fallait défendre?

— Je reste! dit-il à Hélène, qui lui prit les mains et les couvrit de baisers. Et comme leurs nerfs tendus avaient besoin d'être dénoués, ils goûtèrent un moment de langueur très douce, incompréhensible, inconsciente, dans les bras l'un de l'autre, oubliant qu'il y avait un univers autour d'eux.

Pendant ce temps-là, on proclamait aussi la République à Corbeil, sur la place du Marché, et M. Bourichon, sanglé d'une énorme ceinture rouge, pérorait dans sa barbe flamboyante et frémissante comme les plumes que dressent sur leur tête les kakatoès.

Maître Boisrobin s'était également répandu par la ville. Ah! mais c'est qu'il était temps que tout cela finît! On en avait assez de cette vieille bourrique d'empereur qui nous faisait battre! Quand il aperçut Bourichon qui soufflait comme une otarie pour avoir trop parlé, il courut se précipiter dans ses bras :

— Vive la République! lui cria-t-il, en voulant, Dieu me damne! couvrir de baisers les joues du vieux démocrate.

Mais celui-ci repoussa cette étreinte plus que froidement.

— Citoyen, dit-il à l'avocat interdit, vous ne vous imaginez pas que notre victoire soit la vôtre. Vous receviez le sous-préfet, mon camarade, et vous fréquentiez un tas d'aristos pour vos affaires. A bas les pattes, chien couchant! La République est à ceux qui ont souffert pour elle et, comme moi, grelotté sur les pontons. Vous en voudriez votre part maintenant? Mais nous ne sommes pas si bêtes! A bas les pattes!

Et, le triomphe mettant un peu de rage dans ses

mouvements, il envoyait des coups de coude dans le ventre de maître Boisrobin, qui, revenant de son étonnement, lui dit fort en colère à son tour :

— Monsieur, même sous la République, il y a des lois, et si vous avez le malheur de me maltraiter!...

En même temps il reculait ; puis, tournant brusquement le dos, il s'en alla en haussant ostensiblement les épaules.

— Pour eux la République ! grommela-t-il entre ses dents. La République pour des crétins qui se sont fait emprisonner ! Oh ! non ! Les gouvernements, quels qu'ils soient, appartiennent toujours aux malins. Va !

va! vieille bête! nous t'y ferons peut-être retourner à tes pontons!

La mauvaise humeur donnait décidément infiniment de perspicacité à M. Boisrobin, car il faut bien

convenir que les choses devaient se passer exactement comme il venait de le prévoir. Sous quelque régime que ce soit, il n'y en a jamais, comme il l'avait si bien dit, que pour les malins.

M. Bourichon quittait la place, suivi de quelques gamins qui lui faisaient escorte en chantant la *Marseillaise*. Il faillit se bouter, à l'autre bout du pont, près du magasin Loysel, encore célèbre en ce temps-là depuis Essones jusqu'à Soisy-sous-Étiole, dans l'excellent M. Vésinier, qui marchait extraordinairement vite. Celui-ci paraissait très absorbé et en même temps indifférent aux grands événements de la journée. Garde-malade de sa femme, dont le tempérament ultrasec avait dû se révolter contre les lois les plus impérieuses de la nature, il n'avait pas quitté la maison, n'avait rien entendu, grâce à son infirmité, des bruits du dehors, et était fort excusable de n'avoir pas lu les journaux, lesquels n'avaient pas encore paru.

M. Bourichon fut véhémentement indigné de ce manque de lyrisme. Ironiquement, avec beaucoup d'âpreté dans la parole, il dit au pauvre sourd :

— Eh bien, citoyen, nous avons la République !

M. Vésinier, qui crut qu'il lui demandait des nouvelles de Mme Vésinier, lui répondit :

— Je vais précisément pour elle chez l'apothicaire.

Le grand démocrate fut suffoqué, puis il se souvint, comprit, et, avec une pitié superbe, se détourna du vertueux Vésinier, qui poursuivit sa course vers la pharmacie en murmurant :

— Quel ours mal léché !

Toujours accompagné de sa garde d'honneur, M. Bourichon se dirigea vers la préfecture dans le but charitable de voir quelle tête faisait M. de Béval. A mi-chemin, il rencontra M. Mirevent, qui s'en allait du côté du presbytère, faire la nique au curé, qui ne

passait pas pour fort républicain. C'est ainsi que ces deux hommes de bien se partageaient la noble besogne de narguer un peu les vaincus de la mesquine bataille qui était comme le contre-coup du grand combat où la France elle-même était tombée.

Et, pendant ce temps-là, M. Boisrobin méditait sur la façon dont il s'y prendrait pour se faire nommer maire. C'est dans l'ardeur de ce projet patriotique et se rottant les mains que sa femme le retrouva le soir, en revenant de Paris et en excusant son retour tardif par les encombrements produits par la révolution.

— Voilà une bonne journée pour nous, ma chère! fit l'avocat sans écouter un seul mot de tout ce qu'elle lui débitait par simple politesse.

V

Paris menacé de siège. Qui eût cru cela? On démontrait dans les cours d'art militaire d'alors, faits par les généraux dans les grandes écoles du gouvernement, que Paris était à l'abri de tout investissement. Tous les officiers l'avaient appris et étaient particulièrement incrédules. On plaisantait les bonnes gens prudents qui s'approvisionnaient en vue d'un blocus. Et cependant l'espace se resserrait chaque jour entre la grande cité et la partie du pays déjà livrée à l'invasion. Il fallait sérieusement penser à la défense. Les bataillons s'organisaient et on y formait des compagnies de marche destinées au service des reconnaissances. Dans l'une d'elles entra Maxime, bien résolu à faire son devoir. La circulation était encore possible entre Paris et Corbeil. Ce fut une heure douloureuse pour les amants que celle où ils durent s'avouer qu'il n'en serait pas ainsi longtemps. Ils firent l'adieu bien long pour en épuiser à la fois toutes les douceurs et toutes les tristesses. Leurs lèvres se détachaient à grand'peine et leurs larmes se mêlaient sur leurs joues humides. Dans la dernière étreinte tous les deux eussent voulu mourir. Ainsi ils allaient être à quelques lieues seulement l'un de l'autre et plus séparés que si une mer était entre eux! L'exil leur serait fait plus cruel par la proximité même et ils seraient comme des prisonniers que des barreaux de fer séparent seuls des verdoyants paysages où fleurit la liberté et qu'inonde le clair soleil!

Ce fut comme une faiblesse qu'ils comprirent de ne penser un instant qu'à eux-mêmes. Les femmes ont plus de ressort que les hommes, et ce fut Hélène qui, tout à coup se dégageant de ce doux anéantissement, où tous deux eussent souhaité à jamais s'endormir, murmura :

— Et Rose de Mai?

Fallait-il la laisser à Saint-Cloud ou la faire rentrer à Paris pendant qu'il en était encore temps?

Ils refirent une dernière fois le pèlerinage. L'automne enveloppait déjà de ses rouilles et de ses murmures, de ses lignes d'or fauve et du cliquetis de ses feuillages secs le coin de nature où ils s'étaient tant aimés dans la caresse parfumée du printemps, dans la gloire estivale des frondaisons profondes où ne pénétrait pas le soleil, dans le mystère des bois où passaient les fraîcheurs de l'onde, au bord du fleuve coulant sous les pleurs vivants des saulaies. Une double mélancolie leur vint au cœur de ce déclin des choses qui leur avaient été une joie fraternelle et du sort de la patrie pareille à ces arbres découronnés. Ils marchaient muets sur la terre grise et humide, suivant d'un œil sans pensée la course éperdue des feuilles vertes sur les gazons brûlés.

La hauteur de Montretout se dégageait du brouillard qui semblait pendre ses dernières toiles déchirées aux cimes des chênes entourant le château. La mère Toutain et Victoire poussèrent les hauts cris quand on parla d'emmener la petite, une fois arrivés au haut de la colline d'où tout le paysage apparaissait estompé et comme noyé dans une brume que traversait par places et par bandes lumineuses une coulée de soleil pâle.

— Y pensait-on ! Exposer au mauvais air de Paris l'enfant qui se portait si bien ! Et, s'il n'y avait plus de lait à Paris, dans quelque temps ! Et puis, que pourraient faire les Prussiens à la pauvre petite créature ? On ne se battrait pas. Personne ne le voulait. Alors pourquoi l'ennemi se montrerait-il méchant ? Sauf à Bazeilles, il avait épargné les petits et les femmes.

Maxime était très anxieux en écoutant tout cela. Hélène avait pris Rose de Mai dans ses bras et la tenait sur sa poitrine, qu'une grande émotion faisait rythmique et violemment cadencée ; elle la baisait au front, dans les cheveux, sur les mains, sans rien dire.

— Elle a raison, fit-elle cependant tout à coup. Si l'on ne doit pas se défendre à Saint-Cloud, l'enfant y sera plus en sûreté qu'à Paris, où j'espère bien qu'on va se défendre.

Maxime se mit à genoux devant elle, de façon à caresser aussi la petite fille, tout en se sentant plus près de son amie. La mère Toutain et Victoire les regardaient sans ajouter un mot. Quand il se releva, il fouilla dans sa poche, en tira un portefeuille, le mit sur la table, dit à sa nourrice : « Voici pour elle et pour vous. » Puis, prenant Rose de Mai des mains d'Hélène, il la remit aux bras de la vieille femme, aida de la main sa maîtresse à se soulever du siège où elle était comme anéantie sous le faix de quelque rêverie sombre. On se quitta enfin tristement, en se souhaitant de se revoir.

Le calvaire leur parut plus dur, à l'un comme à l'autre, à redescendre qu'à monter. Ils plongèrent une seconde fois dans le brouillard qui s'était épaissi à l'approche de la nuit et regagnèrent la gare sans échanger une parole. Mais ils se serrèrent l'un près de l'autre dans le wagon avec un vrai désespoir dans l'âme; ils auraient voulu que ce court voyage ne finît jamais. Paris les vit presque heureux quelques heures encore. Puis, ce fut l'adieu, l'adieu plein de sanglots, l'adieu plus cruel que la mort.

Nous laisserons Mme Boisrobin à Corbeil, où son mari faisait des merveilles de machiavélisme pour arriver à la première magistrature municipale. Nous l'y laisserons toute pleine du souvenir de Maxime, fidèle à l'amour vrai qui était devenu le meilleur de sa vie. Les uhlans ne se firent pas attendre longtemps. M. Boisrobin, qui avait abouti, comme on dit des anthrax et des hommes politiques, les reçut avec une froideur qu'il crut pleine de dignité. En n'organisant pas la défense de Corbeil, qui avait fait fort bonne figure autrefois cependant, au temps de son comte Raymond, dont le tombeau orne encore l'église Saint-Spire, il n'avait voulu qu'éviter l'effusion du sang. C'était bien assez du sapeur-pompier qui avait failli être blessé en juin 1848 et dont l'image glorieuse attestait l'humeur belliqueuse de la petite cité !

Parmi les officiers qui élirent domicile chez lui, se trouva un philanthrope, un major bavarois, qui, lui aussi, avait appartenu à la chicane dans son pays. Une invincible attraction leur fit trouver plaisir à s'entretenir souvent ensemble. Ils comparaient volontiers les beautés de la procédure française à celles de la procédure allemande et le doux vainqueur daignait quelquefois dire, avec un accent plein de caresse, à son hôte involontaire :

— Mon Tieu, que je suis vâché de faire la guerre à un si prafe homme que fous.

Et, pour noyer son chagrin, le sentimental Teuton buvait quelque bonne rasade du vieux bourgogne de Boisrobin, qui faisait une vilaine grimace.

— Brennez en dong aussi un ponne chopel continuait le chicanous de Munich en versant malgré lui à son confrère d'outre-Rhin la fin de la bouteille.

Et Mme Boisrobin disait le soir à son mari :

— Est-il possible que vous parliez à cette vermine !

Celui-ci répondait philosophiquement :

— Quand je ne cause pas avec lui, il boit encore davantage.

Hélène n'avait jamais senti jusque-là qu'une indifférence parfaite pour son mari. Un peu de dégoût et d'horreur commencèrent alors à s'y mêler et l'image de Maxime passait devant ses yeux, plus fière, avec une douceur plus virile au front, dans une auréole que l'absence faisait à son amour. Elle ne quittait plus guère la chambre depuis que la maison était empuantie de guerriers allemands. Elle ne répondait jamais au salut que lui faisaient ceux-ci avec une galanterie affectée quand elle les rencontrait, malgré le soin qu'elle prenait de les éviter. Mais quelquefois, et quand son regard oblique, méprisant, chargé de haine, tombait sur l'un d'eux, elle avait froid au cœur et était prête à défaillir en pensant que c'était celui-là peut-être dont la balle irait frapper Maxime dans un de ces hasard cruels, anonymes, odieux, qui font la honte de la guerre contemporaine.

Durant ce temps, la vie de Maxime était celle de tous les hommes qui, à cette époque, firent leur devoir. Le service des compagnies de marche se composait d'excursions dans les coins de banlieue non occupés par l'ennemi et de reconnaissances en vue de cette sortie qui devait rompre le cercle de fer dont la grande ville était prisonnière et opérer la jonction avec l'armée libératrice tant attendue. Ces expéditions étaient d'ailleurs, en général, de peu de durée; elles alternaient avec de courts séjours à Paris, à Paris joyeux et confiant sous les horreurs de la famine et sous les menaces de l'avenir.

Ces promenades militaires extra-urbaines n'étaient pas sans un charme aventureux. Elles avaient même leur poésie pour ceux qui aimaient à se souvenir. Tous

ces environs exquis dont la ceinture des fortifications est extérieurement bordée et pleins encore de la mémoire des gaietés estivales étaient curieux à voir vraiment sous ce jour nouveau, dans ce décor transformé par les rigueurs jumelles de la guerre et d'un hiver terrible.

Comme l'écho des éclats de rire et des chansons avait fui de ces villas désolées transformées en corps de garde! Les qui-vive des sentinelles grelottantes dans la nuit avaient remplacé les appels des canotiers le long des rives de la Marne et de la Seine. Toutes les jolies maisonnettes semblaient pleurer sur leurs galants mobiliers profanés par l'irrévérence des mobiles et des volontaires, et les beaux arbustes qui avaient été la gloire bourgeoise des jardins tombaient sous les serpes des hôtes frileux qui couchaient entre les vitres brisées des fenêtres. Combien se retrouvèrent alors dans quelque gîte heureux de quelque amour passé et purent évoquer, dans le néant des gaietés évanouies, l'image de quelque absente qui, là, leur avait souri et qu'ils avaient cru aimer!

J'en sais qui ont vécu cette vie-là et qui la regrettent. On était soutenu par une belle fièvre d'espérance et l'abaissement de la Patrie n'était pas encore consacré par un déchirement définitif du territoire. On était de belle humeur aux avant-postes, malgré les morsures du froid. Les artistes exécutèrent une page spéciale dans cette légende dont les dernières lignes devaient s'écrire dans le sang héroïque d'Henri Regnault. Les meilleures phrases en furent écrites par Théophile Gautier dans ses admirables tableaux du siège. Falguière et Moulin, sous l'angle des bastions, sculptaient alors, dans la neige, d'immenses statues que les premiers soleils devaient fondre, les grandes figures de la Patrie et de la Liberté qui, elles non plus, ne devaient rien

garder de leur native splendeur, dans leur menteuse et marmoréenne sérénité.

Dans sa compagnie, Maxime avait rencontré quelques camarades d'autrefois, Tancrède Ratin, entre autres, un de ses anciens bourreaux quand il était l'objet des charges de l'atelier. Ratin n'avait pas eu son pareil pour le tourmenter et lui faire des niches désagréables; mais tout cela était pardonné depuis longtemps. Ratin, après avoir été un farceur illustre, était devenu un homme grave. Ratin avait de l'ambition. Il faisait de la grande peinture (de celle qui fait adorer la petite) pour entrer à l'Institut.

Rien ne lui était plus désagréable que d'entendre faire allusion à sa jeunesse de fumiste et à ses fantaisies d'escholier. C'était la seule vengeance que se permit quelquefois Maxime et toute une veillée de braves, après un jour d'alerte, fut égayée par le récit qu'il fit des mille bons tours dont ledit Ratin s'était rendu coupable autrefois. Le médecin-major Bignolet, en particulier, n'en pouvait croire ses oreilles et s'amusait comme un fou de ces tardives et inattendues révélations. Tancrède, lui, était fort en colère, mais n'en était pas moins obligé de rire comme tout le monde.

Le docteur Bignolet mérite bien quelques lignes de portrait. C'était un médecin de quartier qui, ayant une furieuse envie de se faire décorer, s'était fait attacher comme chirurgien militaire au bataillon dans lequel servait Maxime. Un bon homme, mon Dieu, mais un peu ridicule, jouant extraordinairement au soldat, emphatiquement savant avec cela, bruyant comme un hanneton, tressautant comme un cabri sous son képi à la bordure de velours grenat penché sur l'oreille et sous sa giberne d'apothicaire que lui retenait au flanc une large ceinture de cuir rouge à clous d'or. Il ne rêvait que plaies et bosses, l'animal, pour faire montre de son dévouement et de sa sapience.

Un jour, Maxime, se trouvant seul devant une muraille blanche, y dessina la caricature du pétulant médecin à cheval sur une pièce d'artillerie ailée qui l'emportait à l'immortalité — vous savez l'artillerie que je veux dire, celle dont M. Purgon était grand maître au temps de nos Rois et que ce bondissant Pégase était en étain, non pas en bronze, comme les vrais canons. Cette charge eut un extraordinaire succès. Mais personne ne soupçonna Maxime d'en être l'auteur. Un homme grave et déjà célèbre comme lui! Un artiste qui consacrait toutes ses heures de loisir à de sérieux croquis, à de sombres images du paysage dévasté, lui, un idyllique et un tragique tout à la fois.

M. Bignolet ne s'y trompa, lui; il vous avait un de ces flairs! Se remémorant tout ce qui lui avait été conté un soir de l'humeur sournoisement joyeuse de Tancrède Ratin, il n'hésita pas à l'accuser *in petto* de cette mauvaise plaisanterie et, avec une rancune froide, il en médita une vengeance que n'eût pas désavouée un descendant des Borgia. Ratin était quelque peu malade imaginaire et avait souvent recours aux praticiens. Par deux ou trois fois qu'il le consulta pour des maux de dents ou autres billevesées, le docteur lui administra de tels rafraîchissements que le pauvre diable crut qu'il s'en allait en terre, emporté par ce que nos aïeux appelaient : la mâle colique.

— Voilà qui t'apprendra, maroufle, à te moquer des médecins! pensait le vindicatif Bignolet.

Maxime, toujours bon, prodiguait ses soins affectueux à Tancrède, qui ne se doutait guère que son garde-malade fût le premier auteur de ses maux. Je dois dire à l'honneur de Maxime qu'il ne s'en doutait pas davantage, le docteur savourant sa revanche sans en avoir confié à personne le secret. Au bout de quelque temps de ce traitement, l'état de Ratin devint tel qu'on le dut déposer à Paris, où il passa, dans sa société, pour une des plus intéressantes victimes de la guerre.

La compagnie à laquelle appartenait Maxime Aubry, après avoir exploré, en une série de séjours bien pareils les uns aux autres par l'absence de tout événement militaire, les bords de la Marne, fut envoyée sur ceux de la Seine, où, du moins, des semblants d'escarmouches à distance avaient lieu. On sait que Boulogne et toute la rive gauche n'étaient pas investis. D'un bord à l'autre du fleuve, c'était une fusillade intermittente, généralement inutile, mais qui n'en tenait pas moins constamment en éveil.

Les Prussiens occupaient Saint-Cloud sans y être incommodés autrement que par des balles perdues auxquelles ils ripostaient quelquefois. Des deux côtés, il allait descendre la berge pour avoir de l'eau. C'était le plus grave danger qu'on pût courir. Dès qu'ici un Allemand ou là un Français était aperçu dans cette occupation, il devenait une cible vivante. Cette chasse était tout à fait piquante, et d'aucuns, embusqués derrière les murs les plus proches de la rivière, y prenaient un vif plaisir.

Mais l'esprit de Maxime était ailleurs qu'à cet exercice guerrier.

Saint-Cloud! C'était à Saint-Cloud, derrière ces eaux qui emportaient vers la mer le bruit inutile des paroles,

ces eaux indifférentes qui, quelquefois, passaient avec un entre-choquement de glaçons, si près et si loin de lui tout à la fois, qu'était l'être en qui se concentrait sa tendresse désespérée. Il avait eu des nouvelles de Corbeil et était rassuré sur le sort d'Hélène par la lâcheté de son mari. Mais Rose de Mai? Là, à quelques centaines de mètres, là où allaient frapper les balles de ses camarades, où demain peut-être les nécessités de la campagne forceraient de jeter des obus, où l'étranger était maître tout-puissant, où le caprice du vainqueur pouvait faire un nouveau Bazeilles! Ces pensées le torturaient affreusement.

Ne vous demandez pas pourquoi il aimait cet enfant avec cette folie. Maxime était à l'âge où l'homme éprouve un immense besoin de protection, où la maîtresse elle-même, s'il n'a pas cela, lui devient plus qu'une maîtresse, je ne sais quoi de paternel se mêlant aux tendresses antérieures et les transformant en un sentiment plus profond.

Or, malgré qu'un lien qui lui semblait indissoluble les unît, Hélène ne pouvait être pour lui cette amante qu'on aime en même temps comme une fille. Sa vie matérielle était faite ailleurs et ailleurs était enchaînée par des convenances sociales qu'elle n'eût pu violer sans déchoir. Vous me direz qu'il avait toute son âme, tout ce qu'il y avait de meilleur en elle. Eh bien, le reste est quelque chose et ceux-là seulement ne le comprendront pas qui n'ont jamais eu cette joie intime, délicieuse et amère tout ensemble, de travailler pour entourer de bien-être et de riens exquis une existence ont ils se sentent les seuls arbitres, de s'user à la tâche de faire heureuse une vie qui leur est confiée tout entière.

Cette générosité, cet instinct de sacrifice, ce désir de dévouement, sont au fond de quiconque mérite le

nom d'homme. Ceux qui croient échapper, par les prudences du célibat, à cette loi de tendresse et de douleur se trompent. Auprès de la femme qu'ils aimeront sur le tard, ils connaîtront toutes les affections inquiètes, toutes les angoisses délicieuses des pères pour les enfants. Comme dans un berceau, ils regarderont dormir, avec des larmes plein les yeux, la créature frêle dont ils se sentent l'appui, tyrannique et douce, pour qui le sang leur monte au cœur, tumultueux et chaud comme le lait aux mamelles des mères.

C'est parce qu'Hélène ne pouvait être cette créature-là que Rose de Mai avait pris cette importance dans l'âme de Maxime, concentrant en elle toutes les aspirations de paternité dont il se sentait troublé et ravi. C'est pour cela qu'il se sentait dans un tel état de souffrance et de joie, en se trouvant séparé d'elle seulement par le fleuve, — non pas seulement, mais aussi par cette guerre impie qui avait livré son enfant à l'ennemi.

Mille rêveries sombres aggravaient sa torture. Il voyait l'humble maison de sa nourrice pillée par de cupides truands et tout manquant peut-être dans ce réduit où l'attendait le meilleur de sa pensée. Une idée fixe lui vint de ce continuel tourment. A tout prix il traverserait le fleuve, et, sous quelque déguisement que ce fût, il passerait, ne fût-ce qu'un instant, ne fût-ce qu'auprès de cette chère demeure, ne fût-ce que pour entendre de derrière la muraille la douce petite voix de l'enfant qui peut-être dirait son nom. Inutile de dire qu'il ne s'ouvrait à personne de ce dangereux projet. Mais une circonstance imprévue lui devait fournir un espoir plus précis de le réaliser.

La lâcheté fut grande, en ce temps-là. Le paysan français s'y montra plus cupide que patriote; il montra qu'il aimait la terre pour son bien — pas pour son honneur, — pour son blé, pas pour son drapeau. Ce fut une honte que sa soumission devant le vainqueur, et les spectacles écœurants se succédèrent du soldat allemand mieux choyé dans la chaumière que le soldat français qui n'avait que du sang pour payer son écot.

Cet avilissement eut cependant ses révoltés. Çà et là quelques hommes se laissèrent fusiller plutôt que de montrer la route à l'ennemi et d'autres coururent volontairement de sérieux périls pour concourir à la défense. Il y avait à Boulogne un de ces hommes-là. Enfant du pays, héritier d'une bonne souche de blanchisseurs, c'était un marinier très expert et connaissant comme pas un la rivière. Plus d'une fois, par les nuits très sombres, il avait presque complètement traversé le fleuve en barque et abattu sur l'autre rive quelque sentinelle avant que le *wer da?* légendaire eût répondu au clapotement de l'eau sous les rames subitement suspendues.

On prétendait même qu'il avait abordé quelquefois et était rentré dans Boulogne sain et sauf, muni de précieux renseignements qu'il avait immédiatement transmis à l'état-major parisien. Cet homme résolu s'appelait Antoine. Les Prussiens le connaissaient bien aussi et ils avaient, comme on dit, mis sa tête à prix, pourvu que ce prix ne dépassât pas celui d'un petit cône de plomb. Antoine le savait et qu'il était guetté, mais il était de ceux à qui la conscience du danger donne un regain de courage.

— Que me demanderais-tu, lui dit Maxime, pour me faire aborder une heure là-bas et me ramener ensuite?

Antoine le regarda avec défiance.

— Plus que vous ne pouvez me donner ou rien du tout, répondit-il après un moment de réflexion.

Maxime sentit qu'un tel dévouement ne se demande

qu'à qui est digne d'en connaître le but. Il sut gré à ce pauvre diable — car Antoine était pauvre comme presque tous les braves gens — d'avoir voulu savoir, avant tout, à qui il parlait ; il lui pardonna même de l'avoir peut-être pris intérieurement pour un déserteur ou pour un renégat. Il est des circonstances où la vérité est une dette, la seule monnaie possible pour l'échange de service demandé. Il paya donc de cette monnaie-là et conta en peu de mots son projet et ses espérances à l'intrépide marinier.

— Vous risquez fort d'y rester, mon bon monsieur, lui dit celui-ci. Mais, si vous en revenez, vous pourrez nous apprendre beaucoup de choses utiles. Je ferai donc ce que vous me demandez, mais il faudra choisir une nuit bien noire.

Deux jours après, la gelée qui avait duré plusieurs semaines, promenant des radeaux de neige sur la Seine, enveloppant tout le paysage nocturne dans un grand scintillement de microscopiques étoiles d'argent, qu'on eût dites une poussière tombée des étoiles lumineuses d'en haut, la gelée céda à un mouvement clément de la température et des torrents de pluie balayèrent les plaques de glace ouvertes dans la boue. On eût dit que la Nature s'éplorait enfin sur les maux de la Patrie. L'ironique soleil, qui mettait des paillettes de feu, comme pour une illumination, aux girandoles de givre pendues aux grands arbres était enfin rentré sous le rideau pesant des nuées. Le ciel rayé par l'averse était uniformément gris.

— Il fera encore le même temps demain, dit Antoine, qui se connaissait à ces choses, à Maxime.

Et il ajouta :

— Il n'y aura certainement cette nuit ni lune ni étoiles et le clapotement des ondées empêchera d'entendre distinctement le bruit des rames dans l'eau.

— Nous tenterons donc cette nuit, si vous voulez, conclut le peintre.

Et il s'en fut demander un congé à son capitaine, la permission de la nuit, en prétextant un voyage à Paris. C'est bien à Paris d'ailleurs qu'il se rendit d'abord, pour y quitter l'uniforme et revêtir un complet de travail, en gros molleton bleu, qui lui servait à l'atelier et ressemblait fort aux vêtements des paysans. Ainsi, pensait-il, s'ils me rencontrent dans Saint-Cloud, ils me prendront pour quelque inoffensif bourgeois de l'endroit.

Jamais rentrée dans son appartement ne lui avait causé d'ailleurs une émotion pareille. Y reviendrait-il jamais après la chose qu'il allait tenter? Avait-il raison vraiment de risquer sa vie pour un désir, sa vie si nécessaire à l'être même pour qui ce désir le sollicitait? Il eut un moment d'hésitation. D'un cadre de velours qu'il avait posé sur la cheminée depuis que la visite inattendue de Boisrobin n'était plus à craindre, une photographie d'Hélène le regardait avec des yeux très doux où il crut voir un reproche muet.

Assis au coin du feu rapide qu'il avait allumé pour se sécher avant de changer de vêtements, il tendit ses mains jusqu'au portrait, le prit et le baisa plusieurs fois avec une tendresse désespérée. Puis il le laissait longtemps sur ses lèvres, comme pour en attendre un baiser, ou bien il le contemplait d'un regard interrogateur comme pour lui demander une inspiration, un conseil... S'il n'allait plus la retrouver jamais, celle qui, sans doute, là-bas, pensait à lui, celle qui, comme lui, aimait Rose de Mai?

Son cœur s'emplit un instant d'une tendresse toute charnelle devant cette image souriante de santé interrompue seulement par l'encadrement, au-dessous de la gorge tendant la soie du corsage en deux reflets de lumière larges et éclatants!

Que d'ivresses il avait bues sur cette bouche muette! Que de parfums tièdes il avait respirés la joue posée sur cette poitrine immobile durant les extases reconnaissantes! Et le rosaire charmant des caresses abolies s'égrenait dans son esprit avec une musique d'adieu.

Mais l'inquiétude était trop forte et son parti était pris. Il replaça le portrait sur la cheminée, fit ses derniers préparatifs, roula son uniforme dans une valise pour le laisser à Boulogne et le pouvoir reprendre le lendemain et sortit de chez lui, sans regarder en arrière, un peu comme un voleur qui craint d'être suivi, mieux, comme un amant qui veut échapper à ses souvenirs.

Il faisait sombre déjà, quand il eut regagné la petite ville occupée par ses camarades. Il la put traverser sans être reconnu de personne, les patrouilles et les gardes pataugeant maussades sous l'averse et dans la neige fondue, sans regarder autour d'elles, derrière les fallots dont les vitres crépitaient sous la pluie et dont les mèches charbonnaient dans une buée humide où montait lentement la flamme.

Par delà le pont barricadé par une de ces précautions

ridicules dont quelques boulets auraient eu raison, il descendit à pic le long de la berge. Antoine l'attendait dans son bateau, sous son caoutchouc de pêcheur ruisselant dont la nuit éteignait les luisants. Les deux hommes se parlèrent à peine. Maxime sauta. Le marinier remonta encore un peu la Seine pour aborder un peu loin de la partie habitée de Saint-Cloud, au delà du quinconce que dominent le palais et la caserne, à proximité de Sèvres, où l'ennemi faisait une garde moins assidue.

Ce fut un voyage silencieux sous un déluge, dans une obscurité mouillée avec de l'eau ruisselant sur le visage en tombant du ciel, avec de l'eau battant les pieds et montant du fleuve par les clins entre-bâillés du bateau qui était presque hors d'état. Sinistre promenade assurément comparée aux récents canotages qui, l'été précédent encore, promenaient sur cette même Seine, entre ces mêmes rives, la gaieté des rameurs aux bras nus et des belles filles aux chevelures dénouées.

Maxime, tout à sa pensée, ne se rendait aucun compte du chemin. A peine entendait-il la lente plainte des avirons abaissés lentement et relevés avec précaution, quittant à peine le ras des eaux. Un choc interrompit sa rêverie. La pointe du bateau entrait dans un engluement de terre humide.

— Nous y sommes, fit Antoine, en plantant son pic dans une vase où il pénétra avec un tremblotement rappelant le fameux *Stetit illa tremens* de Virgile.

Maxime tâta avec ses mains le terrain en pente devant lui, y planta résolument un pied, dégagea l'autre du bateau, non sans quelque peine ; car le terrain s'enfonçait sous lui et, d'un mouvement où sa poitrine s'abattit sur ses poignets, repoussa la barque dans la Seine.

— Bonne chance! lui avait dit le marinier. Et il avait ajouté tout bas :

— Demain, à la même heure, si vous êtes libre ou vivant, vous me retrouverez ici.

La pluie avait cessé depuis un instant. Le ciel était balayé de rapides nuages qui s'ouvrirent un instant découvrant une langue d'azur pâle où la lune fit passer quelques rayons d'argent. Saint-Cloud montueux et éclairé de rares lumières apparut à Maxime dans cette clarté pâle qui lui montrait son chemin. Dans cette passagère apothéose resplendit un instant un souvenir lumineux aussi. La baie céleste était déjà refermée. L'ombre avait repris les routes et enveloppé de nouveau les paysages. Il monta obliquement, un peu d'instinct comme le chien qui sent le logis, et atteignit Montretout sans avoir traversé la petite ville.

VI

Tout était très calme. Les vaincus dormaient sous la honte et les vainqueurs sur leurs lauriers. Presque toutes les fenêtres étaient hermétiquement fermées, bien qu'il ne fût guère plus de onze heures. Maxime eut une impression à la fois terrible et douce en apercevant, au détour de la rue, la maison de la mère Toutain, seule éclairée dans l'ombre où reposaient toutes les autres. Il pouvait donc entrer sans faire aucun bruit! On avait donc deviné qu'il

viendrait, par un de ces pressentiments indéniables de la pensée auxquels croient tous les artistes et tous les poètes! Oui, mais quelque malheur était arrivé peut-être. Dans la demeure des morts aussi on laisse les lumières allumées. Cette traversée sous l'averse qui l'avait mouillé jusqu'aux os l'avait empli d'un malaise dont son moral se sentait et ses nerfs étaient dans un état de vibration allant jusqu'à la douleur. Une vision horrible lui passa sous les yeux, les flambeaux éclairaient une veillée funèbre. La petite Rose de Mai dormait pour toujours dans son berceau!

Comme il hâtait le pas, une forme se dessina devant lui : l'ombre d'un immense soldat poméranien, qui marchait dans le même sens, avec une casquette plate sur la tête et une longue capote qui lui donnait l'air d'un guérite montée sur des roulettes. Un grand caprice régnait d'ailleurs dans la démarche de ce guerrier qui semblait ignorer que la ligne droite est le plus court chemin même pour rentrer chez soi.

Ce lourd fantassin battait de temps en temps la muraille de son épaule massive. Maxime résolut de le laisser passer pour entrer. Mais il eut une désagréable surprise de voir ce pandour s'arrêter net devant la maison où il voulait pénétrer lui-même, se donner un peu d'équilibre en se calant à la porte et ouvrir celle-ci derrière laquelle résonna son pas pesant pendant quelques instants encore.

— Un pensionnaire, sans doute, de la pauvre Toutain, pensa Maxime vivement contrarié ; mais ne fallait-il pas que sa nourrice eût sa part de la commune corvée et ne devait-il pas s'attendre qu'elle logeât, comme tout le monde, quelques-uns des sinistres touristes qui venaient acquérir à bon compte de l'horlogerie chez nous?

Celui-là était en retard, sans doute, car il devait y avoir belle lurette que la retraite avait sonné. Il n'avait pas l'air de devoir être long à s'endormir. Il attendrait un instant pour ne pas faire cette fâcheuse connaissance. Lui aussi s'arrêta donc, se réservant de frapper dans un instant, en se nommant tout bas, s'il entendait des pas de femme dans l'escalier.

Un bruit de querelle lui fit soudain dresser l'oreille. Une voix d'homme avinée, hideuse, alternait avec une voix claire de femme, vibrante et révoltée, tout cela dans la maison où les lumières brûlaient encore. Maxime sentit tout le sang lui refluer au cœur et ses poings se fermèrent dans une involontaire crispation. Rien ; puis un redoublement de tumulte et deux voix de femmes au lieu d'une et des rires grossiers de brute, des rires d'ivrogne secoués de hoquets. Son souffle haletant lui brûle la poitrine. Un bruit soudain dans l'escalier. Il a reconnu les voix des deux femmes et un gémissement d'enfant s'y mêle, quelque chose de plaintif et de désespéré. Une rage effroyable l'étrangle. Il bondit vers la porte. Mais celle-ci s'ouvre avant qu'il l'ait atteinte et une femme en désordre bondit jusqu'au milieu de la route, traînant une masse accrochée après ses vêtements et ses cheveux épars, une masse vivante qui grondait, ronflait, grognait.

— Au secours ! criait Victoire.

Plus prompt que l'éclair, Maxime avait sauté à la gorge du Poméranien et tous deux roulaient à terre, les deux mains de l'homme ayant lâché leur proie et son poids tirant à lui Maxime dans la même chute.

Victoire s'était tue, mordant des lèvres le bout de ses doigts dans une expression d'angoisse indicible. Mais il était trop tard.

Une patrouille arrivait avec un grand bruit de bottes sur la terre trempée. Un lieutenant était avec elle. Des mains robustes enlevaient Maxime et l'ivrogne était relevé à grand'peine, tout maculé de sang et de boue.

Victoire, atterrée, les cheveux embroussaillés sur le cou, regardait, muette. Dans un détestable français qu'il parlait avec affectation, le lieutenant l'interrogea, pendant que la mère Toutain, descendue à grand'peine — car l'âge lui était venu avant le temps de toutes ces secousses, — demeurait sur la porte béante, dans un rayon de lune qui lui donnait l'air d'un fantôme. Victoire, avec véhémence, dit l'attentat odieux dont elle avait été victime, cet homme se ruant dans sa chambre et la voulant prendre de force.

Quand elle en arriva à l'intervention de Maxime et que sa mère voulut aussi défendre leur défenseur, l'officier arrêta net leur déposition. Il posa, en allemand, une ou deux questions brèves au soldat, qui, incapable de répondre, souleva seulement ses deux bras qui étaient demeurés collés à ses jambes et ouvrit les mains, en faisant une pantomime d'aveu. Une seconde patrouille était venue renforcer la première. Le lieutenant prononça quelques mots brefs et fit un signe. Le Poméranien, toujours chancelant, fut poussé contre la muraille qui faisait face à la maison de la mère Toutain. Tandis qu'un cri d'horreur s'étranglait dans la gorge de Maxime et des deux femmes, six fusils s'abattirent en joue, un claquement de poudre cingla l'air et l'homme tomba face contre terre avec un sourd gémissement. L'éclaircie du ciel montra bientôt la boue plus noire à l'endroit où il était couché.

Avec une politesse affectée, le lieutenant invita Maxime à le suivre.

— Sans revoir la petite! s'écria la mère Toutain au désespoir.

Et les deux femmes se jetèrent aux pieds de l'officier, à genoux sur le sol mouillé, et implorèrent, pour Maxime toujours muet, la grâce d'embrasser l'enfant.

Le lieutenant, toujours impassible, fit le geste d'un homme qui n'a rien à refuser à un condamné à mort.

Un instant après, Victoire apparaissait tenant dans ses bras Rose de Mai tout endormie, inconsciente, et par l'enfance et par le sommeil, du drame qui venait de se passer si près d'elle. Sa jolie lèvre rose avait un pli de sourire et l'on eût dit qu'au-dessus d'elle son ange gardien tenait encore un beau rêve captif sous le souffle caressant de ses ailes.

Maxime sentit une tendresse immense et désespérée lui monter du cœur aux yeux et à la bouche devant celle qui, une fois encore, allait redevenir orpheline. Ses larmes et ses baisers réveillèrent à peine l'enfant.

— C'est pour toi que je meurs, mignonne! lui dit-il d'une voix très douce. Que Dieu ait pitié de toi!

Et, comme elle avait déjà refermé ses jolis yeux bleus couleur de myosotis :

— Bonne nuit! fit-il, ma petite Rose de Mai.

Et il fit signe qu'on l'emportât, parce qu'il sentait défaillir son courage.

Deux par deux, quatre hommes se rangèrent auprès de lui.

— Grâce! grâce! gémissait la mère Toutain. Il n'a fait que son devoir! Il a défendu ma fille!

Et Victoire pleurait avec elle et répétait aussi : Grâce! grâce!

— Adieu! leur dit avec fermeté Maxime. Ne laissez pas la petite pleurer.

Et le cortège se mit en marche, avec un bruit lourd et rythmique de pas, clapotant, çà et là, dans quelque trou plein d'eau, sous le ciel redevenu sombre et sans lune, à la clarté vacillante de deux falots qui mettaient des zigzags de lumière jaune dans les flaques.

En descendant la route glissante, on arriva jusqu'au château, et ce fut dans une salle du rez-de-chaussée appartenant, par destination, à la domesticité, une grande salle froide, aux murs nus et crayonnés seulement de dessins grossiers insultant la France, que le prisonnier fut conduit et laissé en compagnie de deux gardiens qui allumèrent leurs pipes et se mirent à boire.

Bien que commencée depuis longtemps — car on était en hiver et l'horloge avait sonné minuit au clocher pendant qu'on descendait la colline — la nuit parut longue à Maxime, si remplie qu'elle fût par le vol désespéré de ses pensées vers ceux qu'il n'espérait plus revoir.

Celles-ci s'en allaient de Paris à Corbeil, pour revenir ensuite, sans cesse douloureuses, traversant son esprit comme des papillons noirs aux ailes palpitantes et muettes. Un grand silence s'était fait autour de sa mélancolique rêverie. Dans l'obscurité qu'interrompaient, seules, deux nappes blanchâtres et vaguement phosphorescentes indiquant, sur le mur, le vis-à-vis des fenêtres, de temps en temps un point rouge semblait se piquer dans l'ombre, venant de la pipe dont un des soldats assoupis réveillait le tirage par une machinale aspiration.

Bientôt, les deux hommes ronflèrent, le nez enfoui dans leurs coudes croisés sur la table. Une sorte d'assoupissement vint à Maxime lui-même et l'ironie d'un rêve, souvent interrompu par de brusques réveils, lui montra Hélène souriante dans un de ces beaux paysages où ils avaient, si près de là, promené si souvent leur tendresse. Un grand vacarme de corneilles s'abattant sur les toits signala, avec une clarté pâle descendant dans la pièce comme un brouillard, le retour tardif du jour. Les deux compagnons de Maxime s'étirèrent bruyamment avec des bâillements de fauves.

Ils grommelaient en gens mécontents de la corvée. Des allées et venues de troupes procédant déjà aux premiers exercices battaient la mesure sur les pavés de la cour. Un sous-officier entra, un grand gars blond avec une figure douce, et quelques hommes derrière lui, dont l'haleine soufflait des buées dans la fraîcheur du matin.

Ils firent signe à Maxime qu'ils le venaient chercher. Courbaturé, celui-ci se dressa péniblement et, marchant entre eux, jeta, en traversant la place où manœuvrait la landwehr, un regard long et triste sur Saint-

Cloud qui s'éveillait sous une de ces lourdes aurores de servitude si peu pareilles aux belles aubes d'autrefois chantant, à pleine voix des coqs et des fauvettes, un hymne de lumière et de liberté.

Dans un corps de bâtiment faisant face à celui dans lequel il avait passé la nuit, à travers plusieurs salles où grouillait un monde militaire affairé, on le mena dans une façon de salon faisant, sans doute, antérieurement partie d'un appartement consacré aux familiers du château, au milieu duquel était une large table couverte d'un tapis de drap vert maculé d'encre et surchargée de dossiers. C'était, en effet, là le cabinet du juge instructeur dans les affaires ressortissant à la justice martiale. On attendait celui-ci.

Un bruit d'éperons ayant je ne sais quoi de triomphal annonça son arrivée. Un cigare à la bouche, sans regarder autour de lui, il s'assit machinalement, comme un homme affairé qui aimerait mieux qu'on le laissât tranquille. Quand, après avoir méthodiquement écarté de devant lui les paperasses et les objets de bureau qui lui eussent gêné les coudes, il leva enfin les yeux, une expression extraordinaire de surprise et de confusion se peignit sur son visage. Il devint tout rouge sous l'éclat roux de ses cheveux en brosse, et ses doigts, avec une crispation singulière, tordirent les longs bouts de ses moustaches.

C'est qu'un regard fixe était dressé sur lui, un regard impassible et méprisant, le regard d'un juge qui, de lui-même, faisait un accusé.

Dans ce brillant officier qui avait mission, sans doute, de l'envoyer dans l'autre monde, du premier coup d'œil Maxime avait reconnu son ancien camarade d'autrefois, Karl Steuben !

Revenu de cette sorte d'effarement, celui-ci essaya de sourire, mais ce ne fut, sur son visage contracté, qu'une grimace figée par l'impitoyable expression du visage toujours pâle et hautain de Maxime.

Karl Steuben soutenait évidemment une lutte contre lui-même. Il paraît que l'amitié était bien près de l'emporter sur le devoir ; car, et d'un geste agacé, il fit signe aux hommes de le laisser seul avec le prisonnier.

Et, quand tous deux furent, sans témoins, en présence, il alla droit à Maxime et, la main tendue en avant :

— Malheureux ! lui dit-il, qu'as-tu fait ?

Mais Maxime retira vivement ses deux mains derrière son dos.

— Vous vous trompez, monsieur, fit-il d'une voix très ferme.

— Maxime Aubry...

— Vous vous trompez, vous dis-je. Je ne vous connais pas !

Je dois être, malgré mon antipathie de race, avant tout, un écrivain véridique. Deux larmes montèrent aux yeux de Karl Steuben, deux larmes vraies qui marquèrent un sillon humide sur ses joues d'un rose fade et se perdirent à l'or éparpillé de sa barbe jaune.

Il regagna lentement son fauteuil et s'y laissa tomber les mains sur les yeux. Puis, reprenant son attitude de magistrat, et ayant sonné un greffier qui se vint asseoir à sa droite devant une rame de papier blanc, il commença froidement l'interrogatoire.

Sur toutes les questions relatives à sa situation actuelle de soldat dans l'armée française, Maxime refusa absolument de répondre. Quand on en vint aux faits eux-mêmes, il s'expliqua, au contraire, avec une franchise et une netteté absolues. Il avait entendu une femme crier : Au secours! il avait accouru. Il avait terrassé, sans le connaître, le misérable qui la violentait. C'est ainsi que les choses se passaient toujours dans notre pays.

L'entretien était visiblement pénible pour Karl Steuben, car il l'abrégea autant qu'il le put. Il s'impatientait contre les lenteurs du scribe dont la plume ne courait pas assez vite. Il allumait et laissait éteindre un cigare qu'il reprenait et déposait sur la table, avec des tics nerveux dans la moustache.

— Monsieur, avez-vous quelque chose à ajouter à votre défense? demanda-t-il d'un ton saccadé.

— Rien, monsieur, répondit Maxime.

Et, sans même incliner légèrement la tête, il suivit les soldats qui l'avaient amené et qui, sur un signe, s'étaient rapprochés de lui.

Ceux-ci l'escortèrent par un autre chemin que celui qu'ils avaient suivi pour venir. C'est dans la prison de la caserne, non plus dans une des salles basses du château, qu'ils le conduisirent. Il pouvait être neuf heures du matin. Les bonnes gens commençaient à aller à leurs affaires. Il y eut un sentiment douloureux pour tous les passants qui, à travers les grilles fermées, virent Maxime emmené, pâle, les vêtements en désordre et maculés de boue entre les soldats allemands.

Victoire était là anxieuse, le visage collé aux barreaux.

Leurs regards se rencontrèrent, le sien chargé de larmes, celui de Maxime doux et résolu. Il lui sourit et ramena deux doigts sur ses lèvres. Elle comprit bien que c'était un baiser pour Rose de Mai qu'il lui envoyait.

La fatigue et les émotions de la nuit avaient été telles pour Maxime, qu'à peine enfermé dans l'étroite pièce qui lui devait servir de cachot, à peine étendu sur le mauvais lit de camp qui en composait l'unique mobilier, il s'endormit d'un sommeil profond, bestial, sans rêve, d'un sommeil qui était plutôt un anéantissement qu'un repos.

Une grande clarté le réveilla tout à coup. Il pouvait être midi et le jour éclairci était d'un blanc légèrement azuré, un de ces jours d'hiver qui mettent un scintillement de diamants aux givres.

Karl Steuben était debout devant lui :

— Vous êtes libre, monsieur, lui dit l'Allemand d'une voix où vibrait une émotion singulière.

Maxime le regarda avec des yeux étonnés.

— Vous êtes libre. Nous ne sommes pas, monsieur, un peuple de sauvages comme vous avez paru le penser. J'ai dit qui vous étiez au général qui commande ici. Lui aussi a habité longtemps Paris. Il est de ceux qui admirent beaucoup votre talent et nous sommes beaucoup ainsi qui pensons que l'art n'a pas de pays.

— Vous êtes trop bons! ne put s'empêcher de murmurer Maxime.

— J'ai montré d'ailleurs votre action comme un acte impersonnel pour ainsi parler, c'est-à-dire n'étant pas particulièrement hostile à un de nos compatriotes. Car vous pouviez ignorer que l'agresseur fût un des nôtres.

— Je n'en doutais pas.

— Enfin je vous ai sauvé la vie et je viens vous le dire.

Et s'avançant vers Maxime, la main hésitante au côté :

— Maintenant, veux-tu me donner la main ?

Sans reculer, sans emphase, sans protestation violente, Maxime lui répondit simplement :

— Non !

L'officier allemand devint très pâle. Il n'était plus maître de son émotion certainement; car c'est sur un ton de douleur qu'il s'écria :

— Et de quel droit me reproches-tu de servir ma patrie ! Ne servais-tu pas la tienne, hier ?

— Je n'ai pas mangé quinze ans le pain de l'Allemagne, fit Maxime, touché malgré lui. Et, se reprenant pour ne pas faiblir, il ajouta :

— Je n'ai mangé que quinze jours du vôtre, et il me brûle encore le gosier aujourd'hui.

Une buée de sang monta au visage de Karl Steuben, comme si un soufflet lui fût tombé sur la joue.

— Monsieur Aubry, fit-il, lentement, en se mordant les lèvres de fureur, nous n'avons ni l'un ni l'autre le droit de nous battre aujourd'hui pour une querelle personnelle. Mais sachez que je regarde comme insultantes les paroles que vous venez de prononcer et que, la guerre finie, si nous vivons encore l'un et l'autre, je vous prierai de m'en rendre raison.

— De grand cœur, monsieur Karl Steuben, et au sabre, que je ne connais pas, si vous le voulez.

Sur un ton tout autre et après avoir repris son sang-froid, l'officier allemand reprit :

— Je vous ai dit, monsieur, tout à l'heure que vous étiez libre. Entendons-nous cependant. Vous trouverez bon que nous ne vous laissions pas rejoindre votre régiment et vous resterez à Saint-Cloud, que vous habiterez d'ailleurs à votre guise après m'avoir donné votre parole de ne pas chercher à en sortir.

— Alors je suis libre, mais prisonnier en même temps. Soit, monsieur, je vous donne ma parole.

A Saint-Cloud! c'est-à-dire auprès de Rose de Mai! Une joie immense était au cœur de Maxime, bien que ce lui fût une pensée douloureuse que l'inaction à laquelle il allait être condamné dans un tel moment. Que penserait-on dans sa compagnie en ne le voyant pas revenir? Comme il se sentait au-dessus du soupçon de désertion, il repoussa cet ordre décourageant d'idées pour ne plus penser qu'au bonheur qui lui tombait ainsi d'un ciel si plein de menaces et d'orage. Rose de Mai était à Saint-Cloud et, bien que les communications fussent malaisées, on pouvait venir à Saint-Cloud de Corbeil.

Quelques instants après, il avait quitté la caserne et demandait une hospitalité, rétribuée d'ailleurs, au propriétaire d'une villa située à l'entrée du parc à qui il avait vendu quelques toiles autrefois. Il n'en était pas malheureusement le seul hôte. Le pauvre homme avait d'autres locataires moins productifs, j'entends un capitaine de uhlans et quelques hommes qu'il couchait pour le roi de Prusse, comme il n'a jamais été aussi vrai de le dire. Ce capitaine était, de plus, fort amoureux de sa femme, werthèrement amoureux jusque-là, j'entends avec une bêtise toute platonique.

C'était une comédie qui devait être, pour Maxime, une distraction puissante. Il la suivit, en effet, avec l'attention d'un spectateur aussi curieux que désintéressé. Ce capitaine Hans Saccoch faisait, en effet, sa cour de la plus amusante façon du monde, avec des vers comme un simple berger de Théocrite, et, sans doute, n'attendait-il que les premières fleurettes du printemps pour en tresser des guirlandes. Celle à qui s'adressaient ces hommages craintifs avait bien un fond de coquetterie et, tout en feignant de ne s'en pas apercevoir, n'était pas absolument indifférente aux humiliations volontaires de ce guerrier.

Une des passions de ce Hans Saccoch était certainement sa pipe de porcelaine, une grande pipe qu'il fumait avec des frissons de volupté par tout le visage, une grande pipe avec des images ridicules sur le fourneau.

Une des premières fantaisies de son hôtesse fut de lui faire dire par sa bonne qu'elle avait horreur des hommes fumant la pipe. C'était mettre à une rude épreuve l'amour du héros. Cette épreuve ne devait pas toutefois avoir raison de sa tendresse. Hans Saccoch renonça à sa superbe camarade aux lèvres d'ambre. Il affecta de ne plus fumer que de coûteux cigares et encore n'en fumait-il que la fleur, les jetant avant de les avoir achevés.

Maxime, toujours en observation, découvrit néanmoins bientôt que le militaire amoureux trichait. Tous les soirs, quand il croyait Madame couchée, il reprenait sa pipe délaissée, et, dans l'obscurité, prenait une longue revanche des abstinences du jour. Ce manège

inspira à notre bon compagnon une de ces plaisanteries qui lui venaient toujours à l'esprit, même dans les circonstances les plus tragiques de la vie, cet arriéré de charges autrefois subies et dont il ne voulait pas mourir insolvable envers l'humanité.

Dans un dessein bien net, il acheta, chez un épicier de Saint-Cloud qui avait tenu des pièces d'artifice, au temps joyeux des belles fêtes dominicales, un magnifique feu de Bengale vert, une poudre brûlant avec une flamme émeraude dont une demi-lieue tout entière était illuminée. Puis il attendit les événements.

Or, ceux-ci se présentèrent sous les espèces d'une manœuvre qui retint toute la journée hors de la maison le capitaine Hans Saccoch et son ordonnance. Maxime se glissa dans la chambre du capitaine et, au fond de la fameuse pipe, sous une feuille de papier de soie percée pour ne pas interrompre le tirage, il introduisit quelques bonnes pincées de cette poussière pyriquement colorée.

Puis, charitablement, il prévint la dame de veiller un peu plus longtemps que de coutume et de ne pas perdre la fenêtre des yeux, lui promettant un spectacle qui ne saurait manquer de l'amuser.

Et l'effet fut le plus merveilleux du monde, en vérité. A la faveur de l'ombre accoutumée, las d'avoir monté à cheval tout le jour et galopé dans les terres lourdes de neige noire, le capitaine, se croyant sûr de l'impunité, bourra jusqu'à la gueule son encensoir de porcelaine et commença d'en humer voluptueusement les fumées, les jambes croisées devant un feu de bois qui crépitait joyeusement dans l'âtre. Tout à coup, ça fit :

pschüt! dans sa pipe et une flamme verte en jaillit qui éclaira toute la maison d'une subite lumière.

Croyant à quelque diablerie, il secoua vivement sa pipe, mais l'effet ne fut que plus désastreux. Le feu de Bengale se répandit à terre sans cesser de flamber et, projetant partout de grandes ombres chinoises, dessina, sur le mur faisant face à la croisée de la dame, l'image du capitaine gesticulant comme un damné, sa longue pipe toujours à la main. Tout le monde faillit en mourir de rire. Le capitaine furieux octroya une volée de coups de canne à son ordonnance qu'il accusa de n'avoir pas enfermé soigneusement ses affaires. Le malheureux troupier hurlait comme un putois. Maxime eut un moment de remords. Puis il se dit que c'était un bienfait du ciel que deux Allemands se fissent du mal l'un à l'autre. Et, pour un peu, il aurait prêté sa propre canne au capitaine quand la sienne fut brisée.

Il passait dans la maisonnette de la mère Toutain le meilleur de sa journée, jouant avec Rose de Mai qui, le voyant bien plus souvent que par le passé, était devenue beaucoup plus caressante avec lui. La tendresse de l'enfant lui était une joie indicible dans la grande tristesse qui lui venait de la joie de nos vainqueurs, plus insolente à mesure que nos désastres étaient plus grands et plus irrémédiable notre défaite. Chacun de nos espoirs engloutis leur était, à eux, un espoir nouveau surgissant de cet hiver mauvais comme une floraison sinistre. Chaque jour l'invasion poussait plus avant dans le sol des racines mortelles aux sèves vivantes de la Patrie. Il n'y avait presque plus de France sous ce grand flot allemand dont le flux mordait toujours plus avant et dont les reflux ne laissaient derrière eux que des ruines, temps de deuil qui fait encore flotter des ombres dans nos mémoires !

Bavarois, Poméraniens, Badois, tous les hommes aux cheveux jaunes, aux pieds larges, rudiment d'une

race que n'ont pas affinée les effluves délicats et chauds du sang latin pareil au sang vermeil des vignes, étaient là buvant et chantant autour de lui à chaque nouvelle d'une armée française refoulée vers l'ouest ou s'enfonçant dans les neiges. Ce qu'il eut à souffrir ainsi dans son patriotisme blessé, je ne me chargerais pas de l'écrire. Les balles perdues des mobiles campant à Boulogne continuaient à s'abattre sur Saint-Cloud. Il lui arriva d'en ramasser une comme une relique, comme l'envoi d'une main amie, et de l'enfermer, cette balle française, dans sa poitrine avec la première jacinthe dont les petites mains de Rose de Mai avaient déchiré la fleur.

Par des chemins difficiles et compliqués, sur des

routes que les roues massives des fourgons avaient déchirées, entre une double haie de visages ennemis, moqueurs et cyniquement curieux des belles femmes, dans des pataches cahotantes attelées de bêtes poussives, en plus de temps qu'il n'en faudrait pour aller à Bordeaux, Hélène avait enfin pu faire le trajet entre Corbeil et Saint-Cloud, et arriva brisée. Mais le bonheur de revoir Maxime lui fit un instant oublier les fatigues d'un tel voyage et l'étreinte dont elle l'enveloppa n'en eut que plus de vigueur tout ensemble et plus d'abandon.

Longtemps ils demeurèrent embrassés et comme buvant le souffle l'un de l'autre. Les mots les étranglaient au passage. C'était comme un râle doux qui sortait de leurs poitrines, comme une agonie de toutes leurs pensées qui venait mourir sur leurs lèvres dans un même désir.

Victoire avait été justement promener un instant l'enfant sur son bras et la mère Toutain était sortie pour quelque menue commission dans le pays. Aussi se trouvèrent-ils un instant seuls dans la plus délicieuse des solitudes, oubliant la terre profanée et le ciel un moment pitoyable à leur amour. Ils se retrouvèrent fortifiés dans leur tendresse, à qui cette entrevue inespérée fut comme un baptême nouveau, un baptême de caresses et tout humide de baisers. Une éternité tint pour eux dans ces quelques minutes d'extase et il leur semblait qu'ils n'avaient plus à vivre d'avoir si vite et si ardemment vécu !

Hélène trouva Rose de Mai embellie. Elle lui fut affectueuse et toute maternelle. Sa joie de la revoir était immense. Et pourtant, un observateur doué de quelque finesse eût compris que la petite fille ne tenait pas la même place dans sa vie de femme régulière et vraiment mère dans sa maison que dans celle de Maxime, pour qui cette enfant était comme le bouquet en boutons de toutes ses espérances. La nuance était aisée à saisir, bien qu'Hélène eût assurément la volonté d'aimer Rose de Mai autant que son propre fils et crût l'aimer plus peut-être.

Après les premiers épanchements, on causa longuement et Mme Boisrobin, tout en déchiquetant, à la table un peu agreste de la mère Toutain, du bout de ses jolis doigts potelés, un poulet dérobé à la police culinaire prussienne, en conta de belles à son ami sur la conduite de son mari dans les circonstances critiques que traversait la patrie.

Boisrobin était devenu tellement républicain que le malheureux Bourichon, qui avait pontonné dix ans pour la défense des libertés publiques, commençait à passer à Corbeil pour un tiède et un réactionnaire dangereux. Boisrobin avait fait afficher sur tous les murs la fameuse déclaration des droits de l'homme. Il composait ses discours en face d'un médaillon de Robespierre et il donnait, à ses hôtes les Prussiens, une telle idée des grands hommes de la Révolution que ceux-ci commençaient à douter de l'héroïque légende de la *Marseillaise*. Ils se demandaient comment les grands-pères de pareils bonshommes avaient pu repousser quatorze armées et écrire l'Iliade de Sambre-et-Meuse sur les bornes héroïques de la frontière.

Maxime s'enquit de Gontran, dont sa mère ne songeait guère à lui parler. On avait fait revenir le jeune collégien, au moment de l'investissement. Eh bien, Gontran ne prenait pas les choses avec la même philosophie humanitaire que son papa. Il faisait très mauvaise mine aux conquérants, et quand il les regardait, sans rien dire, manger les meilleurs morceaux du dîner et boire les vins les plus délicats de la cave familiale, on voyait dans ses petits yeux gris jaillir des éclairs de rage sourde et la rouge lueur des rancunes à venir colorer son front que surmontait toujours une brosse de cheveux épais.

On n'avait pas à rendre compte, en ces jours-là, d'un retard dans les voyages et Hélène en profita largement en demeurant deux jours pleins à Saint-Cloud. L'amour est l'oubli des deuils même les plus sévères. Ils l'éprouvèrent bien durant ces quarante-huit heures bénies qui leur furent comme une halte paradisiaque dans la course douloureuse où le vol des événements et l'impitoyabilité de l'absence emportaient, comme un tourbillon de feuilles mortes, leurs espérances et leurs pensées.

VII

Et le tourbillon allait s'accélérant, sous le fouet des désastres, aveuglant comme une trombe et mêlé aux sourdes rumeurs du canon. Metz rendu, Bourbaki jeté de l'autre côté du territoire, c'en était fait de la victoire promise que devait ramener à nous le mystérieux destin des batailles. Paris avait été héroïque. Paris ne pouvait plus rien. Mais il semblait qu'il y eût quelque chose à faire encore pour l'honneur. C'est, du moins, le sentiment qui inspira cette sortie *in extremis*, inutile, vainement annoncée comme la délivrance certaine, où le sang ne fut pas marchandé du moins, où s'épuisa le dernier effort d'une résistance qui ne voulait pas mourir comme un malade dans son lit.

On sait comment se brisèrent, comme les flots sur une digue haute et solide, ces bataillons jetés hors des murailles, frémissants comme une mer mais condamnés, comme elle, aux reflux qui ne laissent rien debout sur les grèves. Un instant seulement le drapeau flotta pour redescendre dans la buée rouge des fumées.

L'épreuve fut terrible pour Maxime, prisonnier sur l'honneur à Saint-Cloud, d'entendre ce grand ébranlement des terres voisines sous les pas rythmiques des frères d'armes marchant vers un stérile mais héroïque danger. C'est autour de Saint-Cloud même, près de Garches, à Buzenval, qu'on se massait en attendant la mitraille. Il assistait aux préparatifs de défense de l'ennemi et le voyait cyniquement tranquille, raillant ce chimérique projet de débloquer une ville perdue, ne s'apprêtant que pour la forme à soutenir le choc dont il ne redoutait aucune surprise, aucun péril.

Quelle nuit que celle où il vit, où il entendit mûrir, pour nous, la défaite du lendemain, dans un grand bruissement d'armes et dans les chants anticipés de la victoire ennemie. Son cœur battait à lui rompre les côtes. Fallait-il donc qu'il demeurât impassible témoin de cette lutte, sans prendre un fusil et courir sus à ces hordes insolentes? Que valait son serment devant l'effondrement de sa Patrie qu'il ne pouvait certes sauver, mais que, du moins, il pouvait jusqu'au bout défendre? N'est-il pas des heures où les événements délient l'homme de toutes les paroles données? N'est-il pas des devoirs devant qui le respect de soi-même s'efface et des parjures qu'innocente la sainte fièvre du sacrifice?

Mais, quand il voudrait mentir et tout violer de ce

qu'il avait promis, comment faire? En vérité, cette aube d'hiver, cette aube blanche avec des glaçons scintillants sous les premières clartés du ciel, vit un étrange spectacle. Nul ne devait tenir en place, malgré la canonnade commencée et les menaces que les obus promenaient dans l'air.

Toute une population s'agitait anxieuse autour du jeu sanglant de ses destinées. Saint-Cloud n'était plus qu'un camp d'arrière-garde. L'action était plus haut, annoncée par un crépitement de poudre et par des éclairs roses traversant les lointaines vapeurs. Comme les paysans que les sursauts du sol semblaient avoir réveillés de leur lâche sommeil, Maxime s'en fut à l'aventure dans le sens qu'indiquaient les coups de fusil. Il ramperait, il se cacherait derrière des troncs d'arbre, il gagnerait les murailles défendues, et rejoindrait ceux qui mouraient là-bas! Il se sentait crever de honte et le mépris de lui-même lui semblait au fond désespéré de son cœur.

Mais les choses marchaient vite. Il avait pu passer derrière un groupe de maisons que remplissait une compagnie bavaroise, trop occupée par-devant pour faire attention à lui. Un chemin venait ensuite dont un des bords avait été escarpé artificiellement pour un travail stratégique et à l'abri duquel il put longtemps marcher ployé en deux.

Au bout un bouquet de bois et plus loin, derrière un rideau végétal qui le prolongeait, une des ailes de cette petite armée française qui de toutes parts trouvait la route fermée devant elle. Une demi-heure de marche peut être, sous le sifflement des balles, et il rejoignait ses compagnons. Mais, je l'ai dit, les choses marchaient vite!

Ils étaient tombés déjà, ceux dont la Patrie n'oubliera jamais les noms et que le souvenir tragique d'Henri Regnault enveloppe d'une auréole. On battait en retraite déjà et Maxime, voyant se dérober devant lui le but de son périlleux voyage, dut rebrousser chemin, la rage dans l'âme de n'avoir pas même su mourir.

De toutes parts, après sa démonstration victorieuse, l'ennemi regagnait ses postes d'occupation antérieurs. Maxime se heurtait malgré lui à tous ces défilés de bataillons joyeux d'une joie insultante. Il avait des larmes dans les yeux.

Un peu après le tas de maisonnettes qui lui avait, un instant, servi de refuge, il marchait le plus loin qu'il pouvait d'un régiment descendant, comme lui, vers Saint-Cloud, quand un obus, le dernier adieu des vaincus sans doute, vint éclater à deux pas. Un officier qui était devant lui tomba rudement de son cheval et vint rouler presque dans ses jambes, tandis que d'autres blessés se traînaient sur leurs mains en se hâtant avec de sourds gémissements dans la gorge. L'officier, lui aussi, exhalait une plainte terrible et un sifflement effroyable d'angoisse lui passait entre les dents. Il parla des mots entrecoupés... Mais malgré lui Maxime se retourna au son de cette voix. Et ce fut Karl Steuben qu'il vit, le cou ouvert par une blessure béante et avec un grand ruissellement de sang qui coulait en rigole le long des plis lourds de sa capote. Malgré lui, Maxime s'arrêta net. Malgré lui, il fit quelques pas vers celui qui avait été son ami.

Oui, malgré lui. Car sa première pensée avait été de fuir plus vite encore. Mais certains souvenirs font rapidement le tour de notre esprit, comme des toupies qu'un fouet vigoureux aurait cinglées. Il se rappela soudain que cet homme lui avait sauvé la vie. Peut-être se rappelait-il aussi qu'ils avaient autrefois souvent choqué leurs verres. Enfin ce lui fut une impression dont il ne fut pas maître. Il était là debout et très ému devant cet homme agonisant.

Quelques soldats s'empressaient autour de leur officier. Mais les chirurgiens étaient loin. Karl Steuben souffrait à s'évanouir. Ses lèvres claquaient, ses paupières étaient révulsées. Ses bras et ses jambes se roidissaient désespérément. Rien que de l'eau croupie et boueuse dans un creux d'ornière.

La mère Toutain avait glissé une gourde d'eau-de-vie dans la poche de Maxime quand il était parti malgré elle. Il s'en souvint, s'agenouilla devant le blessé, porta la gourde à ses lèvres, et du bout de son mouchoir trempé de cognac lui mouilla légèrement les tempes. Karl Steuben rouvrit les yeux et ce qui passa dans son regard est impossible à dire, mais Maxime en fut bouleversé. Je ne sais quoi de tendre et de surpris, de douloureux et de reconnaissant qui lui fit mal. La main du blessé s'était accrochée à son épaule.

Un homme avait couru et un brancard d'ambulance arrivait enfin. Maxime, dont les mouvements étaient plus délicats que ceux des soldats allemands, s'empressa à soulever le corps endolori de Karl et ce fut lui qui le coucha, comme un enfant, avec mille précautions de femme, sur la toile qui, en se gonflant sous le poids du malheureux, se teignit, en plusieurs endroits, de larges plaques rouges. La tête de Karl avait roulé sur l'épaule

de Maxime, et celui-ci ne savait comment l'en faire retomber sans risquer de lui donner une commotion douloureuse. Il se résigna à suivre, en restant penché sous le blessé, le convoi qui s'en fut lentement, dans un silence que troublaient seulement les gémissements de l'officier, pour qui le moindre cahot était une torture.

Quand on fut rentré à Saint-Cloud et qu'on eut ramené Karl Steuben dans la maison qu'il occupait chez l'habitant, Maxime se voulut retirer; mais les mains de Karl se cramponnaient après lui. Le chirurgien était enfin arrivé. Ayant immédiatement compris le sentiment du patient, il pria Maxime de ne le pas quitter encore. Un éclat d'obus était resté dans la plaie. On crut que le blessé passerait pendant qu'on l'arrachait des chairs. Mais ses doigts continuaient à pétrir les manches et les bras de Maxime, qui ne pouvait se défendre d'une indicible pitié. Une impression, plus haute que sa haine même pour un ennemi, le captivait absolument. Il eût regretté que cet homme mourût et voulait croire qu'il ne le souhaitait sauvé et vivant que pour le combattre à armes égales un jour, comme il avait été convenu.

Mais non, ce n'était pas cela! C'était la lâcheté de l'humanité qui se faisait sublime en lui, sans qu'il s'en rendît compte et c'était son cœur, incapable de voir souffrir, qui se soulevait et se révoltait. Il passa donc toute la nuit au chevet du mourant; car le chirurgien n'avait pas laissé grand espoir.

Et le lendemain, après une courte visite à Rose de Mai, il parut encore. Karl Steuben très affaibli, par la perte de son sang, lui sourit cependant en le revoyant, mais d'un sourire navré qui ressemblait à un adieu. Il n'eut pas encore le courage de le quitter de la journée. C'était lui qui l'aidait à boire et le soutenait pendant les pansements répétés que nécessitait sa blessure. Karl semblait ne vouloir de soins que les siens. A le voir si misérable et si près de ne plus jamais revoir ceux qui, sans doute, l'aimaient là-bas, Maxime oubliait, par instants, que cet homme était un de ceux qui avaient le plus lâchement usé de l'hospitalité de la France et qui déchiraient, sinon le ventre qui les avait portés, du moins le sein qui les avait nourris.

Un mieux sensible se produisit le troisième jour. Et le quatrième, l'homme de la science déclara que, suivant toutes les vraisemblances, Karl Steuben se rétablirait. Cette nouvelle n'apporta pas à Maxime la joie qu'il aurait peut-être pensé, s'il avait analysé ses sentiments. Ses dispositions pour le blessé changèrent, au contraire, immédiatement. L'ennemi revivait dans ce mourant sauvé :

— Adieu ! fit-il presque brusquement à Karl Steuben.

Celui-ci le regarda avec une sorte d'effarement et des larmes lui roulèrent dans les yeux.

Puis, allongeant sa main amaigrie vers Maxime :

— Maintenant, tu veux bien, n'est-ce pas ? Et sa voix était plus faible que celle d'un enfant.

Mais Maxime retira doucement la sienne en arrière et, de sa même voix glaciale qui avait tant blessé Karl Steuben une première fois, il lui répondit :

— Non !

Et il s'éloigna sans regarder en arrière. Car toutes

ses saintes rancunes de vaincu lui remontaient de nouveau au cœur.

Et ce qui s'allait passer à Saint-Cloud n'était pas pour les adoucir. A Saint-Cloud, en effet, une sorte de joie était venue de la nouvelle de l'armistice, une joie honteuse et qui n'était, au fond, qu'une grande et longue inquiétude soulagée.

Le fait était certain : une suspension d'hostilités avait été convenue. La rumeur s'en était propagée bien vite et il ne faudrait pas trop reprocher aux paysans d'avoir entrevu, avec un lâche bonheur, la cessation des persécutions journalières de l'occupant, les blés et les bestiaux rendus à leurs maîtres, les toits n'abritant plus que des compatriotes, les patois étrangers ne se mêlant plus aux musiques des oiseaux, toute cette tyrannie supprimée et l'abondance revenue, et la peur cessant de planer dans l'air comme la menace des orages.

Tout cela s'allait payer d'une grande honte devant le monde entier. A ce marché, la France allait perdre beaucoup d'honneur et beaucoup de gloire. Mais l'égoïsme individuel était là qui consolait des patriotiques douleurs. La soif du bien-être avait repris ses droits. L'aiguillon de vivre était rentré dans toutes les chairs. Voilà donc pourquoi Saint-Cloud était très gai le soir où il y fut appris que, jusqu'à nouvel ordre, plus un coup de fusil ne serait tiré et que le canon allait enfin se taire.

L'air goguenard dont les Prussiens regardaient cette joie eût dû faire penser ceux qui n'avaient pas perdu toute raison. Il paraît que, seuls, les régiments allemands qui occupaient la petite ville, n'avaient pas été instruits des conventions passées entre leur gouvernement et le nôtre. Car c'est un point acquis aujourd'hui, à l'histoire, que l'incendie de Saint-Cloud eut lieu après ces solennelles promesses de paix, incendie médité depuis longtemps d'ailleurs, puisque les meilleurs procédés de la chimie avaient été conviés à cette philanthropique besogne.

Oh! cela ne fut pas long. De toutes les maisons condamnées, les flammes montèrent en un sinistre bouquet avec des noires fumées de pétrole qui les empanachaient d'ombre et faisaient monter des serpentements sombres jusqu'au ciel, avec un grand crépitement d'étincelles, feuilles mortes brûlantes secouées par le vent de l'arbre de tous les bonheurs passés et tourbillonnant sous la nue avec un bruit clair de toitures s'effondrant, avec un bruit sourd de murailles s'écroulant, dans le craquement des charpentes et dans les chutes des pierres, dans la coulée des vitres fondues et dans la lave des plombs coulant en larmes grises sur les gravats amoncelés.

Qui n'a revu Saint-Cloud après ce désastre ignore jusqu'où peut aller la sauvagerie chez les races civilisées. Car il y a loin de ce raffinement scientifique dans la destruction à la rage simplement bestiale du nomade qui brûle les forêts sur son chemin pour regarder flamber ces superbes bûchers sous les étoiles.

Et cela se fit méthodiquement, sans colère. Les maisons épargnées les premiers jours furent livrées au feu le lendemain. Il en est une qu'un nom justement vénéré dans le pays, celui du docteur Desfossez, le médecin des pauvres, avait défendue. C'était toute la fortune

d'un homme de bien qui y avait laborieusement réuni une intéressante bibliothèque. Tous les gens du pays la connaissaient et auraient voulu la sauver. Mais le médecin avait fait son devoir à Paris, ayant tout quitté pour prendre part à la défense. Sa maison brûla la dernière, quand la paix était déjà chose assurée et une ruine s'ajouta à tant de ruines dont l'horreur demeure encore vivante dans ce château abandonné, aux murs encore ouverts sur de grandes blessures noires, aux chapiteaux édentés qu'enveloppe à la nuit tombante, en hiver, un vol croassant de corneilles, un éparpillement d'oiseaux noirs aux ailes pesantes qui semble de l'encre éclaboussée sur la page grise du ciel.

La maison de la mère Toutain fut épargnée. Il parut depuis que Karl Steuben n'avait pas été étranger à la mesure qui la sauva. Maxime y passa cette nuit terrible toute pleine des bruits sinistres de l'incendie et des gémissements de ceux qui s'allaient trouver sans foyer le lendemain. Mais Rose de Mai était vivante! Son hôtesse et sa fille semblaient n'avoir plus rien à craindre.

Les caresses peureuses de l'enfant lui semblaient plus douces dans le tragique décor fait de tant de détresses et sa tendresse s'avivait pour ces deux femmes qui semblaient être tout ce qui restait de la vie dans ce grand triomphe de la mort. Hélène aussi passait dans sa pensée, Hélène qu'il reverrait bientôt. Car ce qu'il entendait, c'était bien sans doute le dernier bruit de la tourmente, le chant de ce cygne exécrable qui s'appelle la guerre et dont les grandes ailes rouges, en s'ouvrant dans l'air, font pleuvoir sur les races du sang.

En effet, la garnison ennemie était quelques jours après sensiblement diminuée à Saint-Cloud. Les Prussiens ne tenaient pas à rester le plus longtemrs possible en présence de leur œuvre. Ils se souciaient peu d'habiter un pays qu'ils avaient fait inhabitable. Un soulagement relatif vint à tous de cette mesure, mais le désastre était là qui ne devait être réparé de si longtemps. Le joyeux Saint-Cloud des belles promenades dominicales par les beaux jours d'été, des gaîtés foraines pendant les beaux jours d'automne, le Saint-Cloud tant aimé des amoureux et dont le parc était traversé, par les belles matinées de printemps, du pas tranquille des chevreuils et des biches au regard étonné, Saint-Cloud était mort pour longtemps. La Seine devait oublier, pendant bien des années encore, le sillage sonore des canots où chantent de belles filles aux cheveux dénoués et la gaieté bourgeoise des riverains mangeant des gibelottes sous les tonnelles brûlées de soleil.

Karl Steuben, en état de supporter le voyage, fut rapatrié pour prendre dans sa famille un repos nécessaire à sa guérison complète. Il fit demander à Maxime de le voir avant son départ.

Maxime refusa.

Quelques jours après, il revoyait Hélène et Boisrobin lui écrivait :

« Mon cher Maxime,

« Revenez vite nous voir à Corbeil. Les soucis de la politique ne me permettent pas de quitter cette cité, tranquille en apparence, mais au fond remuante et pleine de sourdes passions. Je vous conterai les infamies que Bourichon m'a faites. Les femmes sont légères. Ne vous laissez pas oublier de la mienne, qui ne me parle jamais de vous. Et puis vous me feriez plaisir en faisant mon portrait avec mes insignes municipaux. Ce genre d'images est un bon souvenir pour les enfants et Gontran sera bientôt un homme.

« Adieu, mon cher Aubry, votre lit est fait, et rien ne vous manquera de ce qui vous faisait aimer mon hospitalière maison. Vous y trouverez, comme on dit : bon logis, bon gîte et.... le reste.

« Votre tout dévoué.

Boisrobin. »

— Quel homme! se dit Maxime. Il pense à tout...

Comme il en avait été officiellement prié, Maxime alla passer quelques jours à Corbeil. Il trouva la cité positivement bondée par la personne débordante de l'avoué-maire. Boisrobin ne se contentait pas de se multiplier : il foisonnait. Il déteignait partout comme un pain de bleu de Prusse. Toutes ses anciennes connaissances étaient écrasées sous sa protection. Les Vésinier et les Mirevent étaient aplatis comme des galettes. Quant au malheureux Bourichon, sa vieille démocratie ne pesait plus une once dans le pays. Il en crevait de dépit dans sa barbe de prophète. Il se prenait à dire : « Nom de nom! Si c'est là la République pour laquelle nous avons pontonné! » Et, plein de rancunes sourdes, il s'associait aux aspirations désappointées dont la Commune devait être l'expression tragique et grotesque à la fois. Le birbe ne pouvait se faire à l'idée d'avoir travaillé et souffert pour Boisrobin. Avait-il tort complètement ?

En entrant dans sa chambre, Maxime y trouva un chevalet, une toile, des pinceaux et une palette neufs, plus une estrade avec un fauteuil de velours rouge à crépines d'or par-dessus.

— Ouf! murmura-t-il, si c'est ce qu'il appelle : le reste !

— Non, mon ami, fit une voix très douce, derrière lui, celle d'Hélène qui l'avait suivi et avait entendu la réflexion qu'il faisait à demi voix.

Et elle lui prouva que son mari n'avait pas été moins libéral que par le passé, en lui rouvrant, à deux battants, la porte de son logis. Boisrobin était même infiniment moins gênant encore que par le passé. Il ne posait pas deux heures à la maison, dans toute une journée.

— Nous travaillerons le matin! fit-il à Maxime avec entrain.

Et, dès six heures, le lendemain, il s'installait sur l'estrade, majestueusement sanglé dans sa sous-ventrière de magistrat, une main sur le Code et l'autre aidant son front à soutenir le poids de ses pensées. C'était lui qui avait choisi cette attitude. L'effet en était irrésistible. Quand, le dimanche, Gontran, qui avait repris ses études, aperçut l'image déjà fort avancée, il fut pris d'un fou rire impertinent. Son père lui demanda sévèrement ce qu'il avait.

— C'est plus fort que moi, répondit-il. Hi! hi! hi hi! hi! C'est si ressemblant!

Cette naïveté lui valut une énorme taloche qu'il

n'évita qu'à demi en se ruant dans l'escalier. Mme Vésinier le montait précisément, pour venir admirer le chef-d'œuvre et reçut le polisson en pleine poitrine, — s'il convient d'appeler poitrine le néant qui servait d'assises à son long cou. Elle en eut une pamoison qui lui dura cinq minutes. Elle n'avait décidément pas de chance avec les enfants et avec Gontran en particulier! Elle seule ne rit pas en voyant le portrait de Boisrobin. Elle avait eu l'estomac trop disloqué par cet accident. Boisrobin lui sut gré de son sérieux et dit quand elle fut partie :

— Cette femme n'est pas aussi sotte qu'on le croit communément.

Donc, deux heures de corvée chaque matin; mais les exquises après-midi, quand le politicien était à ses malfaisantes billevesées! C'est tout un poème de souvenirs qu'ils effeuillèrent sur un chemin déjà parcouru au temps de leurs premières tendresses. On était en mai — le premier printemps après la guerre — un mai tout fleuri de lilas dont les sonnettes blanches tintaient une joyeuse messe de requiem aux trépassés couchés sous les gazons plus verts où des héros avaient été ensevelis. La Nature étendait sa fête éternelle sur le grand cimetière où l'honneur de la Patrie était enterré avec ses meilleurs enfants. Oh! ce printemps de relevailles après l'accouchement sinistre d'une paix honteuse, ce printemps avec sa robe blanche de baptême et son carillon d'oiseaux dans les branches reverdies!

On était revenu à la date de la Saint-Spire. Mais les saltimbanques eux-mêmes étaient tout déconcertés. Tous les sérieux avaient émigré dans la politique, qui les possède encore. Triste Saint-Spire, ma foi! Il y avait cependant un grand besoin de s'amuser partout, quelque chose comme une détente des esprits longtemps opprimés sous une pensée douloureuse. C'est la honte des races que cette mobilité dans les impressions et cette facilité d'oubli, mais c'est aussi leur vitalité. Maxime et Hélène eurent une joie vraie à se promener sous les grands tilleuls où de rares paillasses débitaient leur boniment dans une forte haleine de pommes de terre frites en plein vent.

Le bruit courait qu'à Paris les choses allaient mal et Bourichon n'était pas revenu depuis plusieurs jours, ce que le sagace Boisrobin avait remarqué en ces termes :

— Le vieux bougre sent bien que son rôle est fini.

C'est que si, à Corbeil, les amoureux ne s'en inquiétaient guère, la Commune proclamée depuis deux mois déjà à Paris approchait de la crise finale qui devait l'écraser dans le sang. Nous passerons, s'il vous plaît, rapidement sur cette lugubre aventure où s'oublia le crime de l'entreprise dans les cruautés de la répression et la folie du vaincu dans la barbarie des vainqueurs, époque de sang répandu sans gloire et dont la mémoire pèse à tous ceux qui en ont traversé l'horreur.

Le portrait fini, Maxime avait regagné Saint-Cloud, pour y revoir d'abord Rose de Mai, et puis parce que Paris était inhabitable aux gens résolus comme lui à ne point prendre part à la guerre civile. Hélène y était venue passer avec lui une des plus belles journées de ce cruel printemps. Un régiment ou deux allemands occupaient encore Saint-Cloud, gardant les ruines qu'ils avaient faites, comme les corbeaux en sentinelle sur les carcasses qu'ils ont dépouillées. Les officiers y menaient vie joyeuse avec les ignobles filles qui, de Paris, leur apportaient le reste de nos lèpres et la fleur de nos dégoûts. Et les goujats les prenaient pour des femmes françaises ! On a fouetté devant moi, place Vintimille, une de ces drôlesses au retour d'un de ces voyages à l'étranger et je ne me suis pas senti, devant ce spectacle, l'indignation de voir frapper une femme. Après tout, l'eau de nos égouts était bien bonne pour leurs verres et la bassesse de ces filles se faisait justice en courant à de tels amants.

Ils venaient de dîner ensemble chez la mère Toutain, qui les avait traités de son mieux, la pauvre femme ! et Hélène se préparait à regagner Paris, puis Corbeil, toutes les communications étant rétablies, quand une grande rumeur monta autour d'eux, sur laquelle grondait rythmiquement le feu lointain d'une canonnade, ce halètement sinistre de la poudre, qui semble la respiration de la Mort lasse de frapper. Bien que le soir vînt, le bombardement de la ville par l'armée versaillaise ne semblait subir aucun ralentissement. Au contraire.

— Paris brûle ! — Je ne sais qui jeta ce cri à Montretout.

Maxime et Hélène se précipitèrent. Une indicible horreur les cloua sur place. Une grande lumière rouge montait de l'horizon dominé par la hauteur sur laquelle ils se trouvaient ensemble. Sur ce fond d'une pourpre grise, des foyers plus ardents, flambants, étincelants, tourbillonnant comme des spirales d'or se détachaient, et c'était comme une chaîne de montagnes de feu qui se dessinait et modelait, sur le fond uniforme du ciel, les pointes de ses cimes ardentes. L'incendie semblait en ruisseler comme de mamelles où des foudres eussent été emprisonnées, et c'était comme une avalanche, comme une cascade de flammes qui s'écroulait autour de ces sommets incandescents. Aucun souffle ne fouettait l'air où montaient ces clartés rouges et jaunes dans l'impassibilité du ciel.

Un peu de vent se leva pourtant qui, venant du côté de l'incendie, apporta une odeur étrange et sema dans l'atmosphère un tourbillon de petites choses noires et, légères quelque chose comme des papillons ivres aux ailes à demi consumées. Les curieux les ramassaient quand elles tombaient à terre. Un fragment resté blanc et lisible encore permettait souvent de reconnaître la nature du papier brûlé qui flottait ainsi. Là, ç'avait été un acte de l'état civil et ici, une lettre d'amour. Ainsi s'envolait tout ce qui avait été la vie d'une des plus grandes cités du monde.

Hélène et Maxime demeuraient silencieux dans la bruyante explosion d'indignation qui grondait autour de leur recueillement. Sans doute pensaient-ils à la maison où ils avaient passé leurs premières heures heureuses et qui, peut-être, comme tant d'autres, était sous leurs yeux inconscients la proie des lointaines flammes.

— Ah! fit-elle cependant, tout d'un coup, avec un vrai cri de douleur et de colère.

Et, du doigt, elle montra à Maxime, dans une tonnelle s'épanouissant au-dessous d'eux, les officiers prussiens qui levaient leurs verres de champagne et poussaient des hurrahs à la destruction de Paris.

N'y pouvant plus tenir lui-même, il la soutint dans ses bras et la ramena chez la mère Toutain, où tous deux cherchèrent le coin le plus obscur pour cacher leurs larmes.

O puissance de l'amour et suprême consolation des tendresses ! Comment ces larmes mêlées devinrent-elles des baisers ? Ils étaient seuls dans l'humble maison, seuls dans ce grand brouhaha du dehors qui battait la muraille comme un bruit de flot qui déferle et mettait des gémissements aux vitres refermées. Ce fut un instant d'oubli délicieux, une exquise profanation des hautes pensées qui avaient envahi leurs esprits tout à l'heure, une halte de leur héroïsme dans une oasis de volupté, une des minutes les plus coupables, mais aussi les plus heureuses de leur vie. L'âpre sentiment de jouissance qui les livrait désespérément l'un à l'autre se fit plus fort de ce grand spectacle de destruction qui semblait faire, autour de leurs caresses, l'écroulement de tout le reste de l'univers. Qui pourrait reprocher à l'âme cet égoïsme sublime de l'amour, à qui n'importerait même pas la chute des mondes éternels !

Ils étaient défaits, honteux, pâles de délices, quand Rose de Mai rentra sur le bras de Victoire. L'enfant dormait. Le sommeil est pour l'enfant l'oubli que l'amour est pour l'homme. L'amour, lui aussi, est trop frère de la mort pour n'être pas un sommeil !

Maxime n'osa baiser que la main de l'enfant.

Hélène et lui se dirent bonsoir dans un serrement

de main où communiaient les deux êtres. Mme Boisrobin ne retourna à Corbeil que deux jours après, Corbeil où Boisrobin lui apprit triomphant que cette canaille de Bourichon s'était fait pincer les armes à la main à l'assaut du Père-Lachaise et ne saurait manquer d'être fouillé si ce n'était fait déjà.

— On peut dire qu'il ne l'a pas volé, fit-il en manière d'oraison funèbre du patriarche de la démocratie corbeilloise.

— Pauvre homme ! pensa Hélène.

— Moi, je ne plains jamais les imbéciles, conclut Boisrobin.

VIII

Nous franchirons, s'il vous plaît, quelques années. La vie de la France avait repris ses aspects antérieurs, avec la grande blessure de la mutilation saignante toujours mais cachée par la pudeur des vaincus et par la prudence des gouvernants, Rose de Mai avait grandi et il serait temps bientôt, sans doute, de la retirer des mains aimantes de ses parents nourriciers pour s'occuper de la faire instruire. La mère Toutain et Victoire, qui l'adoraient, ne pouvaient se faire à l'idée de cette nécessité. A les entendre, Rose n'était pas avancée du tout pour son âge ; elle était délicate et avait absolument besoin de l'air de la campagne.

La vérité est que c'était une superbe enfant, avec un visage dont les traits délicats commençaient à se dessiner dans le sens d'une beauté vraiment correcte ; ses cheveux blonds avaient déjà légèrement bruni ; ses yeux aussi avaient foncé et s'étaient teintés d'une singulière couleur d'améthyste dans laquelle, comme au fond d'une gemme, scintillait un étincellement d'or. La bouche, petite, se fermait aux coins par **deux délicieux retroussis** ; un arc de corail qui venait de se détendre, comme pour une flèche lancée, sur un sourire. Elle était bien douce et très affectueuse, un peu **volontaire** cependant.

Dans les visites qu'il lui faisait sans cesse, Maxime prenait un plaisir infini, indéfinissable, puéril à se laisser hypnotiser par elle, à faire ses moindres caprices, à servir ses plus ridicules volontés. Il épiait ses plus légers désirs d'enfant pour les satisfaire, la portait à la moindre fatigue, adorait se fatiguer à la regarder dormir sur ses genoux.

— Vous la gâtez horriblement ! lui disait Hélène quand elle le voyait ainsi.

Et ce jeu semblait lui inspirer un certain dépit. Mais Maxime s'y complaisait au-dessus de toutes choses.

— Il faudra bien cependant la mettre à Paris, en pension, où elle devra s'habituer à n'être pas ainsi idolâtrée et servie, reprenait Mme Boisrobin.

— Rien ne presse, répondit Maxime. Si vous habitiez Paris, ce serait bien différent.

Et ils faisaient ce rêve que Boisrobin, qui avait fait fortune à force de mettre sur la paille des veuves et des orphelins, quittât son étude et s'en vînt demeurer à

Paris. Mais Boisrobin tenait plus que jamais à sa résidence provinciale ; il y tenait de tout son amour-propre satisfait par l'influence politique qu'il y avait prise, et de toute sa vanité de premier magistrat municipal de l'endroit.

— Il y aurait peut-être cependant un moyen ! dit-elle à Maxime.

Et elle ajouta, comme se parlant à elle-même :

— Oui, un moyen, dans quelque temps.

Maxime ne songeait plus guère à ces paroles quand il reçut cette lettre qui y ramena son souvenir :

« Mon cher Maxime,

« Les élections législatives approchent et j'ai décidé de me présenter à la députation. Tout m'y convie, la grande situation politique que je me suis faite ici, ma grande habitude des affaires, mon expérience de la parole, tout ce qu'il faut, en un mot, dans une assemblée où l'occasion est plus fréquente de parler que d'agir.

« Je tiens à vous entretenir le premier de cette résolution, mon intention étant de vous commander des travaux importants dès que je ferai partie d'un cabinet, ce qui ne saurait manquer d'arriver.

« De votre côté, mon cher Maxime, je suis convaincu que vous ne laisserez passer aucune occasion d'illustrer, pour le public et pour la postérité, chacun des grands actes de la vie parlementaire qui commencera bientôt pour moi. Mirabeau, Boissy d'Anglas, Ledru-Rollin, ont inspiré de belles toiles. L'art seul consacre les choses dans l'avenir. Je dicterai et vous écrirez l'histoire.

A ma grande surprise, ma femme est enchantée de mon projet. Je sais pourquoi cependant. Femme d'un honorable! Ah! comme je lis dans les cœurs!... »

— En effet, pensa Maxime.

Et la lettre continuait sans prétentions :

« Adieu, mon cher Apelle; Alexandre vous taillera de la besogne bientôt!

« Votre fidèle,

« BOISROBIN. »

— Mais alors, sans doute, il habiterait Paris, se dit le peintre. Et une grande joie lui vint à cette pensée, car l'idée de rapprocher de lui Hélène, en même temps que la possibilité d'avoir Rose de Mai plus près de lui, c'était un double enchantement pour son esprit. Comme il méditait sur cette joie, en roulant une cigarette avant de se remettre au tableau commencé, Mme Boisrobin entra brusquement :

— Vous avez reçu la lettre de mon mari? lui dit-elle.

— Certes, fit Maxime, et je suis enchanté.

— Ne vous réjouissez pas trop encore. M. Boisrobin, tout le monde m'en prévient, s'exagère beaucoup ses chances d'être nommé député. Il a pour lui une assez belle racaille à qui l'attache la communauté des appétits, tout ce qui ne croit à rien qu'à l'intrigue et au succès. Mais la bourgeoisie honnête du pays que sa versatilité a dégoûtée lui fera certainement une opposition terrible. Elle n'est pas le nombre, mais, Dieu merci, elle est quelquefois le prestige. Elle a de l'argent et, par suite, de l'action sur les journaux. Un seul homme pourrait rendre la lutte moins périlleuse à mon mari.

— Et qui donc? fit Maxime.

— Vous, mon cher Maxime, tout simplement.

Il la regarda avec étonnement :

— Plût au ciel ! fit-il après un moment de silence.

— C'est bien simple cependant, continua Hélène. Vous n'avez que des sympathies à Corbeil et dans les environs. Vous les avez surtout chez les gens que je veux dire, c'est-à-dire dans la vraie société, qui admire en vous un grand artiste, mais qui estime surtout, en vous, un homme amoureux de l'ordre et des bonnes traditions faute de quoi le monde n'est qu'une pétaudière de bohèmes. Toutes ces braves personnes ont peur de M. Boisrobin et ont peut-être bien raison. Mais vous pourriez certainement le rendre moins redoutable à leurs yeux et atténuer, en le défendant, le mauvais effet de toutes les sottises qu'il a faites. Vous le connaissez comme moi. C'est un homme dangereux mais non méchant... Vous me direz qu'il est nul et ne rendra aucun service au pays. Eh ! mon Dieu ! celui-là de plus ou de moins...

— Il s'agit bien vraiment des mérites de M. Boisrobin, fit Maxime. Vous faire venir ici, voilà tout ce qui m'importe.

Et, lui prenant doucement les mains où il mit plusieurs baisers :

— Avouez, ma chère âme, que vous me proposez une aventure étrange. Agent électoral par amour! Voilà ce qui ne s'est jamais vu, je crois. Moi, Maxime Aubry, courtier en politique! Ah! charmeresse que vous êtes! Avec quel bonheur je vais entreprendre cette campagne ridicule dans l'espoir du bonheur de n'être plus jamais séparé de vous!

Elle ne lui répondit pas, mais elle lui tendit sa bouche et le remerciement le plus éloquent n'eût pas valu le baiser qu'elle lui donna à pleines lèvres, et « la saveur en la bouche » comme disait le bon poète Ronsard. Et le traité fut scellé à l'heure même. L'honneur de Boisrobin en fit complètement les frais. Le mâtin d'avoué en avait fait payer assez aux autres pour s'acquitter de ceux-là!

Et Maxime, sans en dire un traître mot d'ailleurs à Boisrobin, commença ses démarches et sa propagande dans tous les châteaux avoisinant Corbeil, voire dans les maisons roturières même, mais où il avait cependant d'avouables relations. On fut d'abord très surpris de son intervention et on lui rit au nez, croyant à une simple plaisanterie.

— Votre ami Boisrebin est un farceur et vous ne êtes un autre, lui répondait-on.

Cependant un gentilhomme qui avait beaucoup vécu, et qui, par suite, était assez malin, le sieur des Engrumelles, propriétaire à Soisy-sous-Etiolles, devina le mobile secret du peintre et son désir de faire venir Boisrobin à Paris pour le tromper plus à l'aise.

— Il aura ma voix, jeune homme, lui dit-il. J'aime les amoureux convaincus!

Maxime protesta. Mais des Engrumelles, qui était bavard comme une pie, éventa partout la mèche qu'il avait découverte. Tout le monde se réjouit du bon tour qu'on ferait à l'avoué en l'envoyant à la Chambre pour rapprocher sa femme de son amant. Un bon républicain pour porter dans le département la bannière de la confrérie! — Nommons Boisrobin! fut le cri de tous les gens qui semblaient avant tout devoir voter contre lui. En France on sacrifie tout au plaisir de faire une bonne malice. —Va! va! mon gaillard! on te tournera un joli chapeau chez toi pendant que tu seras à la Chambre! Ne prends pas surtout, pour rentrer, le chemin de la porte Saint-Denis. On voulut expliquer à Vésinier qu'il fallait aussi donner sa voix à son ancien ami. Mais Vésinier, toujours sourd, ne comprenait pas. Mirevent, voulant recourir à la pantomime, figura deux cornes avec ses doigts en faisant signe de les poser au-dessus du front de Boisrobin. C'était à table. Vésinier crut que son convive lui redemandait du bœuf et lui en coupa une tranche énorme.

Enfin le grand jour arriva, celui qui devait donner à la France la plus riche collection d'incapables qu'elle ait possédée à sa tête depuis les origines de son histoire. Boisrobin y avait sa place, par un décret du destin supérieur à l'imagination de Maxime. Il aurait certainement passé quand même, au nom de la bêtise humaine dont il était un des mandataires. Mais, grâce aux manœuvres du peintre, il eut une majorité écrasante, presque l'unanimité des suffrages.

Hélène étouffait Maxime de baisers en lui annonçant cette nouvelle.

Maître Boisrobin entra inopinément sur ces entrefaites.

— Bravo! mes enfants, dit-il, l'expansion de votre joie est le plus beau jour de ma vie.

Et se tournant vers Gontran qui le suivait :

— Tu vois, mon fils, ce que c'est que l'estime publique. Mes ennemis eux-mêmes ont voté pour moi !

— Ah ! Maxime, fit-il encore, quelle admirable chose que le parlementarisme !

— Admirable, en effet, fit Maxime, avec une imperceptible grimace de dégoût. J'ai même composé, dans la solitude, un couplet sur un air populaire, en l'honneur de cette mirifique institution.

— Dites-nous, cher Maxime, cette vraie *Marseillaise* de la paix !

— C'est que, devant Mme Boisrobin...

— Ma femme n'est pas bégueule, Dieu merci, et mon fils, dont je veux faire un citoyen solide, doit tout entendre.

— Dites, mon cher ami, ajouta affectueusement Hélène.

Alors, d'une voix volontairement aigrelette, une voix de vielle enrhumée, Maxime chanta :

> Tant qu'y aura un député,
> Ça puera dans la Chambre ;
> Tant qu'y aura un député,
> Tout l'monde s'ra embêté !

— J'en ai assez du refrain, interrompit violemment Boisrobin.

Et d'un ton sévère :

— Ce sont des choses, monsieur Aubry, sur lesquelles la société repose et qu'il ne convient pas de plaisanter même en riant.

Et plus jamais M. Boisrobin ne daigna parler

du jeu respectable de nos institutions avec le peintre Maxime Aubry, qui, d'ailleurs, n'avait pour la députation politique qu'un goût absolument modéré.

Le but de Maxime et d'Hélène était atteint. On habiterait Paris, au moins durant la plus grande partie de l'année. Maître Boisrobin, qui était fort riche, ayant tiré de la procédure toutes les ressources qu'elle comporte — et Dieu sait si elle est fructueuse à messieurs les chicanous! — vendit son étude. Il la vendit à un imbécile avec la joie de se dire : On verra la différence!
Mais il conserva la maison qu'il occupait sur le quai de la Pêcherie, à Corbeil, afin d'y venir passer les vacances que nos honorables se distribuent et qui font, de l'année parlementaire effective, une demi-douzaine de mois tout au plus. Mme Boisrobin et Aubry avaient été d'accord pour que ce nid de leur première tendresse fût conservé intact à leurs amours constantes et à la fidélité de leurs souvenirs. C'est là que Rose de Mai avait été baptisée et c'est là qu'elle devait revenir, dans ce paysage cher à la mémoire de ceux qui l'avaient soudainement aimée.
Le nouveau député loua, pour le temps des sessions, un appartement dans le quartier des Champs-Élysées, assez près du Palais-Bourbon pour être exact aux séances, sans contrarier l'heure de ses repas. Immédiatement il s'y fit remarquer par sa pétulance et grossit l'armée des hannetons qui bourdonnent, dans ce coin de Paris, assez fort pour être entendus de toute la France. Car leur état ne paraît pas consister à autre chose qu'à faire ce bruit inutile, comme leurs confrères

en paletot noisette, les vrais hannetons qui tiennent leurs assises dans les marronniers des Tuileries. Heureux pays que celui qui se contente de cette musique !

M. Boisrobin fut immédiatement classé parmi les commissionnaires, j'entends les bavards laborieux à qui ne suffit pas la durée des séances et qui se versent, ensuite, dans un tas de parlotes supplémentaires où se confectionne l'oraison funèbre et se dit le *Requiescat in pace* de tous les projets et de tous les progrès.

Il se découvrit immédiatement cette belle compétence universelle qui est l'héritage de tous les avocats de ce temps, lesquels sont à la fois bons paperassiers, économistes éminents, grands hommes de guerre, idoines en un mot à glisser leur goutte d'huile dans chacun des rouages du gouvernement d'un grand pays, admirable phalange de Pics de la Mirandole sachant tout et mieux encore le reste. Ses collègues du Parlement acclamèrent, en lui, cette admirable faculté. Il lui passèrent la rhubarbe des traités de commerce en échange du séné des réformes militaires, et le pays eut un de ces législateurs de plus qui légifèrent au hasard et suivant le sort des dés, positivement comme les juges de Rabelais.

Quelques discours de lui furent même remarqués. Les deux principaux furent une apologie du sucre de betterave et une forte diatribe contre tout projet d'amnistie politique. On s'étonna de sa rigueur pour les égarés de la Commune, mais on l'admira aussi. Il en parla avec tant d'attendrissement pour mieux écrabouiller leurs intérêts ! La vérité est qu'il ne fit cette harangue que par la peur épouvantable qu'il avait que

Bourichon, gracié de la vie et actuellement en villégiature à Nouméa, ne revînt en France. En effet, ledit Bourichon ne s'était pas gêné pour dire qu'il casserait les reins de l'ancien avoué s'il avait jamais le bonheur de baiser encore une fois le sol de la Patrie, qui avait été pourtant une marâtre pour lui.

C'est toujours une sotte histoire que celle d'une carrière politique de ce temps, et généralement peu à l'honneur de l'humanité contemporaine. Nous n'insisterons donc pas davantage sur le rôle de maître Boisrobin dans nos assemblées, et nous reviendrons au récit, bien plus intéressant, de ses infortunes conjugales, dont la meilleure excuse était qu'elles faisaient le bonheur de deux êtres autrement sympathiques que lui. Les maris trompés ne servent d'ailleurs jamais à autre chose.

La petite Rose de Mai. — Vous savez qu'elle était grande déjà comme une toute petite femme, — un peu haut montée sur des jambes un peu frêles encore, mais d'un joli dessin, avec une nuque charmante et embroussaillée d'une chevelure tirant sur le noir, et bavarde! et caressante! La petite Rose de Mai n'était plus à Saint-Cloud. Comme on se demandait comment la retirer à la mère Toutain, qui fondait en larmes à cette idée, Dieu eut pitié de deux cœurs compatissants en rappelant à lui la vieille femme qu'une fluxion de poitrine emporta. L'enfant pleura toutes ses larmes.

Pour Aubry et pour Hélène, ce fut la fin d'un grand embarras où leur bonté naturelle était aux prises avec leur désir d'avoir l'enfant plus près d'eux encore. Mme Boisrobin s'attacha Victoire et Rose de Mai fut mise en pension, une pension où l'on était très gâté et où l'on pouvait venir voir les enfants tous les jours. Et ce fut une promenade que Maxime ne s'épargna pas. Le sentiment protecteur et vraiment paternel que lui inspirait la petite fille s'affirmait en lui avec une intensité croissante. Les premières grâces féminines de Rose, ces grâces maladroites qui ont cependant un charme à demi sensuel, lui furent un enchantement. Il en eût fait volontiers le sujet de ces conversations avec Mme Boisrobin si celle-ci ne se fût un peu moquée de lui. C'était une véritable idolâtrie ! Certes, c'était un enfant charmant, mais il en est beaucoup d'autres au monde ! Enfin, elle l'aimait bien autant que lui, mais ce n'était pas une raison pour ne jamais penser à autre chose et imaginer en elle des perfections !

Maxime l'écoutait parler. Il continuait à rêver de la petite fille et à crayonner, de souvenir, sa jolie silhouette sur tous les bouts de papier blanc qu'il rencontrait. Etait-elle adorable, la gamine, avec ses belles boucles naturelles et brunes venant s'effranger jusqu'au bas de ses épaules et son regard déjà mystérieux comme celui des sources où se mirent les étoiles, Hélène s'impatientait quelquefois. Ce n'est pas que Maxime fût moins tendre avec elle que par le passé. Mais son bonheur avait le calme des bonheurs repus et, dans cette vie nouvelle où aucun obstacle n'était plus entre eux, il lui arrivait de regretter presque les angoisses charmantes, les attentes impatientes, tout le ménage exquis d'amoureux qui avait été le leur.

Boisrobin, lui, ne se doutait seulement pas que le

vrai mari de sa femme fût ce garçon qui ne la quittait plus guère. Le souci des choses de l'État ne lui permettant pas la jalousie, où eût-il trouvé le temps de s'apercevoir de quelque chose? Il en était arrivé à s'excuser quand il rentrait à l'improviste et les trouvait ensemble, seuls, au salon éclairé seulement d'un demi-jour. Comme il était toujours éreinté — c'était son mot — il n'était même plus question des exigences qu'il eût pu légitimement se permettre. Il ne manquait d'ailleurs pas à la loi qui veut que tous les hommes dans cette condition disent, de temps en temps, au bon ami de leur femme :

— Quelle chance j'ai d'avoir, sous mon toit, une créature sans passion! Vous voyez, ma femme? Eh bien! Rien! Rien! Rien! Elle n'y pense seulement jamais!

Et Boisrobin ajoutait :

— C'est heureux vraiment! Car on ne peut suffire à tout.

IX

Un épisode dans le cours de ces événements tranquilles et pareil à celui d'un fleuve roulant ses eaux calmes entre deux rives dont les saules palpitent à peine au souffle monotone qui emporte sa chanson.

J'ai dit que Maxime était sans ambition, mais ses

amis en avaient pour lui. Hélène avait mieux que cela : un orgueil plein de tendresse. Les succès du peintre aux Salons annuels s'étaient affirmés par toutes les récompenses qui prolongent, pour les artistes, la vie de collège jusqu'à la plus extrême vieillesse et les amènent en cheveux blancs cueillir, sur des estrades, les lauriers de papier peint des palmarès, ou plutôt les recevoir des mains d'un ministre qui se connaît généralement en peinture et en sculpture comme les saumons.

C'est certainement un des spectacles les plus ridicules de ce temps. Ne croyez pas, au moins, que Maxime fût déjà pareil à un des Mathusalems dont on encourage quelquefois ainsi la longévité. Si ce n'était plus le jeune homme presque encore que nous avons rencontré, pour la première fois, à la Saint-Spire, les fils d'argent étaient rares dans sa chevelure toujours abondante et sa physionomie avait changé surtout par sa barbe qu'il avait laissée croître et qui y avait ajouté un sérieux plus viril. Mais une grande jeunesse était encore dans ses yeux clairs et dans son sourire, plus rare cependant. Jamais sa maîtresse ne l'avait trouvé plus beau, et peut-être avait-elle raison. Elle le lui répétait souvent et le forçait à la réciprocité d'un compliment qu'elle attendait impatiemment sans doute. Le fait est qu'elle était charmante encore dans sa grâce un peu dodue. Mais ce n'est pas le lieu de décrire à nouveau son avenante beauté.

Donc, Maxime avait épuisé la série des médailles qui, comme les grains d'un chapelet, aboutissent à une croix. Une vacance à l'Académie des Beaux-Arts se produisit. Pourquoi ne serait-il pas de l'Institut? Il éclata de rire d'abord quand il lui en fut parlé; mais Mme Boisrobin le gronda et lui fit entendre raison. Elle serait fière, elle qui l'aimait plus que tout au monde, de l'honneur dont son nom serait grandi. Rien était-il d'ailleurs trop glorieux pour le père adoptif de Rose de Mai? Il la marierait plus facilement en jouissant d'une influence qui attirerait les prétendants.

— J'entends qu'on l'épouse pour sa beauté seulement! répondit-il avec mauvaise humeur.

— Est-ce qu'on fait ce qu'on veut en ces choses-là? lui répondit avec beaucoup de raison Hélène.

Et puis, les commandes gouvernementales assurées! Les imbéciles payant un peu plus cher les tableaux signés du même nom! La dot de Rose enfin accrue de tout ce que ce prestige ajouterait à la fortune! Cette dernière raison parut être celle qui détermina Maxime. Il se résolut à contre-cœur aux démarches indispensables en pareil cas.

Savez-vous quel était son concurrent le plus sérieux? Cet animal de Tancrède Ratin qui avait pour lui tous les Académiques, tout ce qu'on est convenu d'appeler, dans un atelier, les Pompiers. Très indépendant, très imprégné de nature, personnel et viril, le talent de Maxime était passionnément contesté par tous les peintres vivant des traditions d'École. Ses amis, à lui, prétendaient qu'ils en avaient peur. Erreur absolue. Ils se croyaient tout simplement très supérieurs à lui. La terreur est, chez l'homme, un sentiment moins fréquent que la vanité.

— Je ne comprends pas! se contentaient-ils de dire, en haussant légèrement les épaules, quand quelque admiration enthousiaste était exprimée devant eux par un de ces jeunes qui vaillamment se ruent à la défense des maîtres nouveaux. Ou bien c'était un petit sourire plein de férocité, avec un :

— En effet, c'est étonnant!

On sait ce que valent ces formules polies.

Maxime Aubry était un coloriste, la seule famille de peintres vraiment doués et à qui ne pardonnera jamais celle des peintres qui n'ont pas reçu ce don du ciel. Delacroix et Henner en surent quelque chose.

Toutes les sympathies de ces derniers étaient pour Ratin, dont la palette était aussi sage que le clavecin d'une petite fille. Des rouges conciliants, des bleus honnêtes, une gamme d'une édifiante modération, l'alanguissement volontaire de toutes les vigueurs qui sont, sur les toiles, comme une lumière d'incendie, une étincelle tombée d'un feu sacré! Une sécurité désespérante dans les moyens. Une impeccabilité constatée et navrante. Que de mérites auxquels Maxime ne pouvait prétendre!

Il n'était pas jusqu'au choix des motifs qui ne fût tout à l'avantage de ce tant précieux Ratin. Tandis que Maxime professait cette doctrine panthéiste que la Nature est l'éternel sujet qu'il ne faut prétendre ni corriger ni embellir; que tout ce qui y est beau y est beau de la grâce suprême; enfin que la grande peinture a vécu de l'image toujours répétée de la femme dans son auguste nudité et devant le décor du ciel attendri et profond, des sources où ses traits descendent avec la lumière des astres, des arbres qui semblent agenouillés le long de son chemin; Tancrède Ratin, lui, empruntait

ses inspirations à la mythologie ou à l'histoire et ses immenses tableaux étaient l'écrasement de dix mètres de cimaise. Tout cela ne paraissait pas bien bon à tout le monde. Mais tout le monde n'en disait pas moins : — C'est égal ! il faut être déjà joliment fort, rien que pour tenter une pareille chose ! — C'est le dernier mot du naïf. Comme si on n'était pas toujours assez fort pour être au-dessous de la tâche qu'on s'est donnée. Tout le monde peut essayer de faire l'Iliade, à la condition de n'y pas réussir.

L'un et l'autre des candidats avait donc ses tenants. Ils s'expliquèrent fort loyalement sur cette rivalité entre eux. Car Tancrède Ratin était aussi un excellent et brave garçon. Ils se promirent de ne combattre qu'à armes absolument courtoises, et il fut convenu que ce serait le vaincu qui tendrait le premier la main au vainqueur. Après ce cordial échange d'idées, ils se mirent en campagne tous deux.

Maxime souffrait horriblement de toutes ces platitudes si contraires à son tempérament réservé et même un peu hautain. Tancrède les subissait avec beaucoup plus de résignation. — Je me fiche bien d'eux, essayait-il de dire, en faisant le détaché de l'opinion. Mais tout le monde savait bien qu'il ne se fichait pas d'eux et qu'il souhaitait ardemment réussir. Ces consécrations institutaires dont les vrais talents n'ont que faire sont la revanche des médiocres qui entrent ainsi dans la gloire par autorité de justice. Ces cénacles dureront autant que la médiocrité dont ils sont le refuge et l'apothéose à la fois. Ceux qui y tiennent n'ont donc pas à craindre de le voir disparaître de sitôt.

Une des visites qui coûta certainement le plus à Maxime Aubry, ce fut celle au peintre Ratimol, un des plus influents assurément à l'Académie, d'abord, et dans tout les jurys. Ce Ratimol, sans être son ennemi personnel, avait témoigné, en toute occasion, une antipathie méprisante pour ses œuvres. On le savait d'ailleurs tout acquis à Ratin, dont il avait été le professeur. C'était un artiste vendant cher à l'étranger et ayant acquis ainsi une fortune considérable, ce qui lui permettait de se proclamer absolument indépendant. Comme si on l'était jamais de sa propre sottise !

— C'est par celui-là que je commencerai, se dit Maxime, qui aimait à manger son pain noir le premier. Aussi bien, ferai-je mieux d'y aller avant Tancrède, à qui il promettrait immédiatement sa voix.

Et il se mit en route.

Ratimol occupait un hôtel admirable dont le seul défaut était d'avoir été décoré par lui. Car celui-là traitait la peinture murale comme l'autre, dans des tonalités sombres, ce qui est un pur contresens. Un luxe incontestable était prodigué par toute la maison, un luxe où la personnalité du maître n'était pas oubliée un seul instant. Maxime le trouva dans son superbe atelier propret comme une galerie hollandaise, non pas devant son chevalet d'un bois luisant et verni, mais à une petite table en palissandre sur laquelle il écrivait. Le grand homme daigna à peine lever la tête en entendant annoncer le visiteur, et, sans le regarder, lui fit signe de la main de prendre un siège. Ces façons achevèrent d'ôter à Maxime tout entrain.

Après avoir cacheté à la cire une première lettre, Ratimol en commença imperturbablement une autre.

Impatienté de ce sans-gêne, Maxime se leva doucement dans l'intention de se retirer sans pousser plus avant sa démarche. Mais le maître de céans l'entendit, laissa tomber sa plume et daigna enfin se retourner :

— Restez donc, cher monsieur, lui dit-il, et excusez-moi, je suis tout à vous.

Maxime lui dit fort nettement le sens et le but de sa visite. Ratimol ne poussa pas les hauts cris, comme il l'avait un instant redouté.

— Mon Dieu, monsieur, lui répondit-il, avec du travail, tout le monde peut arriver à l'Institut.

A ces encourageantes paroles, Maxime avait bien envie de répliquer :

— Alors je ne sais pas pourquoi je désire en être.

Mais il se contint et subit, en faisant une excellente figure, pour l'amour d'Hélène et de Rose de Mai, une série de petites impertinences que l'homme arrivé lui décocha avec un accent presque gracieux.

Un domestique en grande livrée apporta une carte sur un plateau.

— C'est bien, dit Ratimol, j'y vais tout de suite. Faites attendre au salon.

— Permettez-moi de me retirer, fit Maxime.

— Non pas! non pas! mon cher monsieur Aubry. J'ai encore beaucoup de choses à vous dire et il vous est nécessaire de savoir si vous pouvez compter sur ma voix. Je ne vous demande d'ailleurs qu'un instant pour expédier un importun. Mais demeurez, je vous en prie, je le veux.

— Il n'a pas encore vidé son sac de choses désagréables à me dire, pensa Maxime, mais j'aurai de la patience jusqu'au bout.

— Je vous en prie, ne vous dérangez pas pour moi, cher Maître; j'attendrai, puisque c'est votre bon plaisir.

Et il se rassit durant que Ratimol sortait en soufflant comme un homme qui succombe sous le poids des travaux.

— Une commande! grommelait-il, encore une commande! Comme si j'avais le temps!

Ratimol était sorti depuis un instant déjà et Maxime avait passé le temps à regarder sans grand intérêt le mobilier du peintre en renom. Rien de cet artistique abandon qui est le charme des pièces où travaillent d'ordinaire les gens du métier. Tout y était riche, cossu, inexorablement bourgeois. Tout y était cruellement moderne. On y trouvait des objets venant des grands fabricants et, comme Ratimol était avare, il était présumable qu'un bout d'esquisse en avait réglé le prix. Un ennui splendide habitait cette demeure. Pas un lambeau de vieux satin fleurdelisé, jeté sur un coussin et évoquant le souvenir des belles marquises d'antan! Pas une poterie d'origine! Pas un bibelot pittoresque! L'implacable palissandre, l'irréprochable cristal, le marbre et le bronze mêlés odieusement sur la pendule et les candélabres sans style. Aucune tapisserie ancienne ne pendait, aux murailles, un paysage troué aux verdures bleu pâle avec des ibis roses debout sur leurs longues pattes au premier plan. Pas un bouquin curieux dans la bibliothèque aux livres méthodiquement reliés par tranches d'un rouge criard et d'un indigo violent. Rien à regarder, enfin! Rien! Rien! Et Ratimol ne rentrait toujours pas.

Voilà ce qui seulement excuse l'action douteuse au premier abord, dont se rendit coupable Maxime, que le désœuvrement exaspérait et que commençait à indigner aussi le sans-gêne de ce parvenu de la Renommée. Machinalement, sans intention indiscrète, ses yeux tombèrent sur la lettre commencée par Ratimol et restée sur la table. Celle-ci était d'une grosse écriture ronde et bête, une écriture de copiste dramatique très appliqué; et, sans s'approcher autrement, notre ami put lire le début de cette épître qui commençait ainsi :

« *Monsieur le Baron,*

« *Confiant dans votre haut goût artistique, vous considérant à juste titre comme le Mécène de notre temps, souhaitant votre suffrage éclairé pour tout ce que je tente, je viens vous supplier humblement d'honorer mon atelier de votre visite. J'aurai grand plaisir à vous montrer mon œuvre dernière....* »

La plume s'était arrêtée sur ce dernier mot.

— Vieil intrigant! pensa Maxime. Plat personnage! Et dire que les princes de la finance se laissent prendre à ces façons-là! Ah çà! est-ce qu'il va me laisser ici jusqu'au soir? Impertinent drôle!

Ainsi grommelait-il à mi-voix, comme font souvent les gens en colère que le bruit de leurs propres paroles apaise, comme une musique.

— En voilà un, continuait-il dans le même bour-

donnement, qui était bien fait pour être domestique !
D'abord ça nous aurait évité sa peinture. Cinq heures,
fichtre ! Mais il y a trois quarts d'heure que je l'attends.
C'est trop fort ! Attends un peu à ton tour !

Et avec un sourire mystérieux sur les lèvres, une
clarté de gaieté subite dans les yeux, Maxime, après
s'être assuré que personne ne venait encore, s'assit sur
le fauteuil épistolaire de Ratimol, et copia vivement,
sur une feuille de papier pareille à celle que le grand
homme avait employée, les premières phrases de sa
lettre, en imitant soigneusement l'écriture sans caractère. Et, en espaçant identiquement les lignes, en effectuant, en un mot, un fac-similé parfait, il écrivit textuellement :

« *Monsieur le Baron,*

« *Confiant dans votre haut goût artistique, vous considérant à juste titre comme le Mécène de notre temps, souhaitant votre suffrage éclairé pour tout ce que je tente, je viens vous supplier humblement d'honorer mon atelier de votre visite...* »

Il fut obligé de se mordre les lèvres pour ne pas éclater de rire, en ajoutant :

« *J'aurai grand plaisir à vous montrer mon noble derrière....* »

Et il s'arrêta là comme avait fait le modèle. Que nul ne s'indigne de cette plaisanterie de mauvais goût ! Ceux que le désir immodéré de faire une charge a conquis — et je sais des gens très sérieux qui ont cette faiblesse — savent qu'il n'y a pas à résister à une telle tentation. Après ce petit exercice calligraphique, Maxime fourra dans sa poche le manuscrit de Ratimol et y substitua le sien en l'orientant absolument comme celui-ci l'avait laissé, en interrompant sa lettre. Puis il regagna le canapé et y reprit l'air indifférent d'un solliciteur qui s'ennuie.

— Mille pardons! fit l'institutaire en rentrant enfin. Encore une commande à laquelle je n'ai pu échapper! Vous connaitrez peut-être un jour cela. En attendant, vous êtes bien heureux d'avoir un peu de temps à vous.

— D'autant que vous m'en faites profiter, interrompit Maxime avec une ironique gracieuseté.

— Ah! reprit Ratimol, souffrez encore que je me débarrasse de ce mot.

Et il se remit à la table, trempa la plume dans l'encre, et, en homme sûr de ce qu'il avait commencé, après un coup d'œil sommaire seulement sur les lignes déjà écrites, imperturbablement, Maxime le vit reprendre sa lettre où il l'avait laissée, sans s'apercevoir le moins du monde de la substitution des derniers mots. La farce avait prodigieusement réussi. Maxime eut un grand accès de gaieté intérieure en se demandant la tête que ferait, dans une heure, M. le Baron, devant l'étrange proposition qui lui était faite. Ratimol venait de signer, il n'avait pas encore ployé dans l'enveloppe quand le domestique apporta une nouvelle carte.

— Tancrède Ratin, fit Ratimol. Monsieur Maxime Aubry, vous connaissez sans doute votre confrère Tancrède Ratin?

— Il a été mon camarade d'atelier et est resté mon ami, répondit simplement Maxime.

— Voilà un garçon d'un vrai talent et dont l'art sérieux est bien pour mériter nos suffrages. On m'a dit qu'il se présentait aussi. Je serais franc avec vous, monsieur Maxime Aubry : il me serait impossible de ne pas me donner ma voix. On dit bien qu'il m'a un peu imité. C'est la même clarté dans le dessin et la même sobriété dans la couleur qu'on admire dans ma peinture. Mais on imite toujours quelqu'un et l'on n'en saurait vouloir à qui vous prend pour modèle. Revenez me voir quelquefois. Je donne volontiers des conseils. Tout le monde n'est pas doué comme Ratin, mais tout le monde peut bien faire. Au revoir donc, cher monsieur Aubry, et très heureux d'avoir pu causer un instant avec vous.

— Ah çà! est-ce qu'il se ficherait de moi? se demanda Maxime en s'inclinant sous le geste protecteur dont il était reconduit. Dans tous les cas, je le lui ai bien rendu.

Il rencontra Ratin dans l'antichambre et ils se serrèrent cordialement la main.

— Tu es sûr de sa voix, lui dit tout bas Maxime sans le moindre sentiment de jalousie.

— Merci, mon vieux !

Et, sur ces mots, Ratin disparaissait derrière la portière qui fermait l'atelier de Ratimol.

Les conséquences de la dangereuse facétie dont Maxime n'avait su se défendre ne se firent pas attendre longtemps. M. le baron était en train de donner un grand dîner quand on lui apporta la lettre de Ratimol.

— Mon peintre ordinaire, fit-il avec beaucoup de majesté. Vous permettez que je lise à haute voix. Il a une de ces belles écritures qui donnent envie de déclamer les choses écrites.

Avec un sourire satisfait dont ces mots étaient comme enveloppés, l'amphitryon lut, en accentuant les choses aimables pour lui-même qui y étaient prodiguées, le

factum que Maxime avait si impudemment contrefait. Mais quand il en vint à la fameuse phrase : « *J'aurai grand plaisir à vous montrer mon noble derrière* », qu'il commença et acheva sans hésiter, en vertu de la vitesse de lecture acquise, un rouge épouvantable lui monta au visage, si bien que le homard qu'on lui présentait en même temps semblait, à côté, du ton des roses du Bengale. Tous ceux de ses convives qui se possédaient bien s'étaient levés avec un murmure d'indignation et de feinte colère. Mais les autres, les intempérants, étaient demeurés assis et se roulaient de rire dans leurs serviettes.

— Je sais ce que j'ai à faire! dit l'amphitryon en se maîtrisant. Et je sais aussi le motif de cette injure... C'est parce que je n'ai pas voulu lui acheter sa *Mort de Philoctète*, un insupportable tableau qu'il me voulait imposer. Mais nous verrons bien qui rira le dernier!

Le reste du repas fut froid. On ne parlait plus haut, parce que personne n'osait plus être gai, et on n'osait se parler bas, de peur que le maître de la maison ne crût à quelques commentaires désobligeants de l'aventure qui venait de lui arriver. En bons parasites, les invités en profitèrent pour manger énormément. Leur appétit profita glorieusement de ce silence.

Le lendemain, Ratimol recevait, le sourire aux lèvres, deux messieurs très bien mis qui n'étaient autres que les témoins de M. le Baron. Il faillit tomber à la renverse en apprenant le but de leur visite. Il protesta de son innocence avec une telle véhémence que ceux-ci ne doutèrent pas, en effet, qu'il n'eût été lui-même l'objet d'une mystification. Ils n'en durent pas moins, pour obéir à leur client et en gens experts des choses d'honneur, exiger que Ratimol écrivît une lettre d'excuses d'une platitude extrême.

— Mais je veux aller voir M. le Baron tout de suite... Je lui expliquerai moi-même, disait-il, je lui donnerai, s'il le veut, ma parole... je me jetterai à ses pieds... je jurerai sur les cendres de...

— Tout cela ne serait pas correct, reprirent les émissaires de l'insulté. Il vaudrait infiniment mieux, pour vous, vous battre. Mais, puisque vous n'y paraissez pas disposé, nous ne vous devons quitter qu'après avoir obtenu de vous les excuses écrites, humbles et

formelles que nous réclamons. Les refuser serait exposer M. le baron à vous cravacher partout où il vous rencontrerait.

— Il suffit, dit Ratimol consterné. Et il se laissa dicter une formule de regrets d'une telle platitude que les témoins eux-mêmes de son adversaire en étaient écœurés.

Il se rattrapa de cet acte de faiblesse par une énergique colère quand ceux-ci furent partis. Qui avait pu lui jouer ce tour abominable! Deux hommes étaient restés seuls dans son atelier pendant que la lettre était encore ouverte. Maxime Aubry? Allons donc! ce garçon réservé et mélancolique, sans talent, mais aussi sans imagination!... Tancrède Ratin alors? Ce Ratin dont on contait les charges autrefois, le légendaire Ratin que les concierges du quartier comparaient à Cabrion! On n'échappe pas aux fatalités de sa nature! Le chien revient toujours à son vomissement! Ah! canaille de Ratin! moi qui allais voter pour lui! Ainsi se lamentait et maugréait Ratimol en piétinant la moquette et en se donnant de grands coups de poing sur les cuisses. Sournoisement, sans conter, bien entendu, son grief qui aurait fait rire, il commença de propager les bruits les plus fâcheux, sur la moralité de Ratin, parmi ses collègues. Ratin détournait journellement des mineures. Ratin pêchait en temps prohibé. Ratin ne votait jamais. Ratin n'avait jamais fait que le copier servilement et disait le plus grand mal des autres peintres du temps. Ce dernier argument fut péremptoire. Ratin n'eut que quelques voix parmi les Pompiers qui mettaient leurs passions d'école avant leurs ressentiments personnels. Maxime Aubry bénéficia de ce mouvement hostile à son concurrent. Il passa avec une majorité remarquable. Hélène eut une grande et vraie joie de cette justice rendue au talent de l'homme qu'elle admirait autant qu'elle l'aimait. Quant à Boisrobin, après lui avoir donné l'accolade, il eut un mot héroïque vraiment :

— L'Institut, dit-il, est le Parlement de l'Art. Dans un État bien organisé, ils ne feraient qu'un. La qualité de député emporterait celle d'académicien. On conserverait l'habit vert à palmes, mais on y ajouterait les insignes de la représentation nationale. Le prix de huit francs, alloué pour frais de funérailles aux instituteurs qui assistent à l'enterrement d'un collègue, serait porté à seize et ce serait une ère nouvelle de prospérité et de splendeur littéraire pour notre pauvre pays!

X

Nous avons suivi le temps comme un guide, en marquant seulement des étapes sur le chemin parcouru. Dix-huit ans s'étaient passés depuis que, par un soir de Saint-Spire, un enfant était comme tombé du ciel, sous une pluie de roses, dans les bras enlacés de Maxime Aubry et de Mme Boisrobin, resserrant, par une mystique et douce chaîne, l'un contre l'autre, deux cœurs épris du même idéal de bonté, enlaçant leurs deux tendresses dans une tendresse commune, sanctifiant leurs amours coupables par cet au-delà d'abnégation et de sacrifice qui fait les pères et les mères dignes de ce nom.

Et durant ce long voyage sur la même route, ce leur avait été une douceur extrême que deux petites mains d'enfant, marchant entre eux deux dans la vie, reliassent les leurs comme dans un magnétique courant. La fierté douce du devoir accompli, sans avoir été imposé, avait mis dans leur existence un bel élément d'estime réciproque et de sérénité. Ils y avaient trouvé et senti l'absolution de cette trahison à deux envers l'ami et envers l'époux, laquelle leur avait été, ainsi, une félicité presque sans remords.

Il est des êtres d'ailleurs qui ne doivent pas compter dans la vie passionnelle, qui y sont en quantités négligeables ; et Boisrobin, le député Boisrobin, le bruyant Boisrobin, était certainement de ceux-là. Il serait monstrueux que des êtres d'une insignifiance pareille fussent un obstacle au bonheur d'êtres bien autrement intéressants par leurs aspirations. Boisrobin était riche, avait une influence politique ; que lui fallait-il de plus, puisqu'il n'avait jamais rien rêvé de plus haut ? Au demeurant, Maxime et Hélène ne lui avaient rien pris et leur bonheur n'était pas fait du sien, puisqu'il eût été incapable de le goûter. On ne fait aucun tort à un pourceau en ramassant les perles qu'un hasard mélancolique a jetées devant lui.

Et, dans Hélène, la mère ne se faisait pas plus de reproches que l'épouse. Il y avait si peu d'elle dans la nature de Gontran qu'elle n'eût rien trouvé à faire pour le polir suivant ses coquetteries de mère. Ce diamant abrupt était trop rude à dégrossir pour ses mains délicates. J'ai dit : diamant, car Gontran, non plus, ne tenait guère de son père, que je comparerai volontiers à un de ces mauvais cailloux qui écorchent, sans pitié, les pieds nus des pauvres gens.

Il y avait, dans ce garçon un peu sauvage, la grandeur réelle que donne un sentiment élevé qui, comme un arbre vigoureux aux frondaisons profondes, fait mourir autour de lui tout le reste, comme un de ces chênes dont l'ombre étouffe tout ce qui porterait des fleurs au printemps.

Aucune rêverie, aucune imagination douce, aucune langueur de jeunesse dans ce tempérament entier et viril. L'enfant insupportable à force d'entêtement était devenu un homme ayant cette force supérieure : la volonté. Une impression d'extrême jeunesse l'avait façonné dans ce moule qu'il emplissait bien sans le faire éclater. L'occupation étrangère avait laissé des traces ineffaçables dans son esprit. La haine de l'Allemand en était le fond et toute la vaillance.

Lui despotique, lui volontaire, lui gourmand, il n'avait jamais pu pardonner à ces hommes qu'il avait vus chez lui commander, régner et manger les meilleurs morceaux. Un diabolique instinct de propriétaire en faisait pour lui des voleurs de grand chemin. Il y en avait un, un jour, qui lui avait pris des mains un gâteau que lui avait donné sa mère et qui le lui avait mangé gloutonnement en riant, sous le nez. Oh ! celui-là, il le reconnaîtrait toujours, même vieilli, enterré sous les haillons de diplomates autrichiens que portent les musiciens forains accompagnant la parade des saltimbanques.

. . .   .

Voilà, direz-vous, un mobile peu noble à ce patriotisme militant ! Et pourquoi donc ? Pour le paysan qui se bat toujours, tandis que l'ouvrier des villes se contente de chanter la *Marseillaise*, la Patrie, c'est le bien qu'il a payé de ses sueurs et qu'il défend, le pain dont les moissons ont mûri l'espérance, cette maisonnette abjecte dont il tuerait quelquefois son père pour hériter plus tôt. Ne cherchez pas ailleurs le secret de ses vaillances sur le champ de bataille. C'est l'amour mystérieux du sol qui nous court aux veines dans les chaleurs du sang, quand nous courons à l'appel du drapeau. On a bien fait de diviniser cela par de nobles images, mais, bien au fond, ce n'est que cela.

M. Boisrobin avait, bien entendu, rêvé d'avoir un fils magistrat. Les avoués qui ont fait fortune souhaitent rarement autre chose. Ils savent la douceur de cet état benoît et les sommeils exquis de l'audience, durant le ronronnement inutile des avocats, et ce joli droit d'impertinences envers tous qui ne souffre même pas un scrupule de réparation. Il rêvait Gontran comme lui, en robe noire avec un joli petit morceau de peau de chat sur l'épaule, traitant de haut les prévenus, sous sa tourte de mérinos au galon d'argent, et taxant impitoyablement les comptes d'apothicaires de messieurs les officiers ministériels.

Oh! comme il lui aurait bien appris toutes les ruses de ses confrères, à lui, pour ballonner encore un peu plus ce qu'on est convenu d'appeler les frais de justice et qui, le plus souvent, n'a rien à faire avec la justice du tout. Gontran eût été la terreur des avoués qui ne s'intimident cependant pas volontiers, sachant bien que le monde de la procédure est à eux et qu'ils sont les élus d'un paradis dont l'ange redoutable de la routine garde la porte.

Mais Gontran n'avait jamais voulu entendre parler de devenir substitut. Il ne sentait aucune colère généreuse contre les malfaiteurs de droit commun. Il aurait aimé une société où chacun aurait défendu sa cause à coups de poing. Il voulait être soldat et rien que soldat, dans l'espoir des revanches à venir. Il en ferait de belles à Berlin quand on aurait ouvert la frontière et brisé la digue sous le flot des vengeances françaises ! Et lui, naturellement aussi paresseux que partisan de bonne chère, il avait travaillé, travaillé beaucoup.

N'ayant aucun goût pour les mathématiques ni pour le dessin ; il était entré à Saint-Cyr il en était sorti dans l'infanterie, mais parce qu'il l'avait voulu ainsi, disant que c'était ceux qui se battaient le plus souvent, les pioupious à la guêtre blanche, les fantassins dont le cœur est plus près de la terre pour lui verser de plus près un sang plus chaud !

Il avait vingt-six ans au moment où nous le retrouvons dans ce récit, et tenait, comme lieutenant, garnison à Belfort, le plus près qu'il avait pu de la ligne où devaient crépiter les premières balles dans la fumée bleue des escarmouches. C'était un beau grand gars dont le type n'avait rien d'aristocratique, mais solide et avec beaucoup de loyauté dans le regard, bien campé sous son uniforme, dur au service, mais cependant ami du soldat, qui disait de lui : C'est un rude lapin ! Il ne lisait que des choses militaires et avait gardé pour les aises matérielles un goût qui dominait tous les autres. Pas un brin de poésie dans tout cet être. Mais quelque chose d'aussi grand que la poésie : le culte fervent de la Patrie et du devoir.

Et maintenant renvoyons-le à Belfort, s'il vous plaît.

Aussi bien la liaison de sa mère avec Maxime Aubry n'avait pas encore revêtu ce caractère platonique qui lui eût permis, à lui le fils, de demeurer sans danger au foyer paternel.

Mme Boisrobin n'avait abdiqué, en effet, aucune des grâces vivantes et quelque peu provocantes aussi d'une femme qui veut encore être aimée. Et, bien qu'elle eût dépassé déjà de quelques années la quarantaine, elle pouvait prétendre encore à un bonheur qu'elle était digne de faire partager.

Un léger embonpoint avait plutôt avivé que compromis le caractère un peu sensuel de ses charmes très en relief, mais d'une fermeté toujours appétissante. Sa jolie figure s'était arrondie encore sans qu'aucun méplat fâcheux y accusât le découragement des chairs rosées ; les fossettes s'en étaient accentuées, celle du menton surtout, qui mettait comme un point d'interrogation au-dessous du poème de sa bouche souriante dont les dents avaient gardé toute leur nacre et les lèvres leur belle pourpre humide. Ses yeux bleus étaient toujours étoilés comme le ciel d'un soir de printemps, avec un peu plus de rêverie peut-être, mais de rêverie voluptueuse et encourageante. Elle avait conservé enfin sa magnifique chevelure blonde où, plus fins que des fils de la Vierge à travers les feuillages rouillés d'automne, l'âge avait étendu, parmi les masses d'or sombre, quelques fils d'argent clair.

La tendresse effective d'une telle personne n'était pas pour rendre à plaindre Maxime. Peut-être cependant eût-il dû savourer davantage ce qu'un regain de coquetterie y ajoutait de caressant et de flatteur pour lui.

Hélène était à l'époque de la vie où les femmes qui ont de l'esprit, même en amour, s'occupent déjà de se faire pardonner et, par un surcroît de mansuétude familière, tâchent à nous faire oublier la moisson de beauté et de jeunesse que le temps a déjà faite sur leur chemin. Je ne sais rien de plus touchant, pour ma part, et qui m'attendrisse davantage.

Donc, jamais Mme Boisrobin n'avait été plus délicieusement affectueuse pour son amant. Et il y avait, en elle, comme un certain empressement, une fièvre à ne rien perdre des joies encore permises. Outre le sentiment du déclin qui est comme la musique obscure et lointaine où meurent les soleils couchants, elle pressentait que la rentrée de Rose de Mai dans sa maison lui imposerait bientôt des devoirs de réserve que l'inconcevable confiance de son mari lui avait épargnés jusque-là.

Rose de Mai avait en effet dix-huit ans, et il devenait nécessaire de la retirer de la pension où son éducation était achevée. Elle y ressentait, en effet, la langueur naturelle à une jeune fille pour qui tout est une prison quand le soleil luit, quand les oiseaux chantent au dehors, quand la voix des tendresses vagues et sans objet monte du cœur frémissant comme une lyre.

Sans que sa santé en fût visiblement altérée, elle souffrait de cette captivité douce entre des compagnes grisées, comme elle, du désir de liberté, et des maîtresses impuissantes à distraire, par des leçons, son esprit pareil à un oiseau qui a senti grandir ses ailes et que l'espace tente inexorablement. Ce qui avait été, pour sa première jeunesse, la douceur d'un nid, lui était devenu, l'enfance passée, la servitude d'une cage. Elle avait un peu pâli et ses yeux avaient perdu de leur gaieté pleine d'éclat.

L'embarras matériel de lui faire une vie de famille retardait seul son retour décidé en principe. Maxime avait d'abord pensé à avouer publiquement un enfant naturel qu'il aurait eu autrefois et à l'installer chez lui en la faisant passer pour sa fille. Il eût été certainement intelligent à Hélène de bondir sur cette solution. Mais un sentiment indéfinissable l'y rendit absolument opposée. Sans donner la bonne, elle invoqua une foule de mauvaises raisons. La clientèle de Maxime, sa clientèle de portraits, laquelle était sa vraie fortune, était pleine de préjugés. Cela ferait un détestable effet dans le monde. Et puis, qui mettrait-on auprès de cette jeune fille? Victoire n'avait pas la tenue suffisante pour une gouvernante. Il faudrait donc introduire dans la maison une étrangère, et l'initier peut-être à cette façon de secret. Il vaudrait certainement mieux que Rose de Mai fût auprès d'elle.

Mais comment décider Boisrobin à accepter cette figure nouvelle sous son toit?

Boisrobin, au fond, était tellement absorbé par ses ambitions politiques, qu'il s'en serait à peine aperçu peut-être. Deux fois, il avait frôlé, du bout des doigts, un portefeuille. Il les avait léchés, comme un gamin à qui on vient de reprendre un gâteau des mains. Ah! on pouvait bien faire chez lui tout ce qu'on voudrait. Son vrai chez lui, c'était la France qu'il entendait gouverner à son tour, comme un tas de mirmidons en ont l'intention encore, menue monnaie de Charlemagne dont la seule vocation précise est d'être empereurs d'Occident.

Entre les questions préalables et le bavardage des

commissions, il ne rentrait guère chez lui que pour y conter ses exploits parlementaires, et encore n'était-il pas nécessaire qu'on l'écoutât. C'était pour lui-même qu'il écrivait son histoire. Il serait donc aisé d'amener Rose de Mai comme pour passer quelques jours seulement et de la garder ensuite, en laissant entrer cette habitude de plus dans la masse d'habitudes indifférentes dont la vie privée du vieil avoué était faite. Car c'est uniquement parce qu'il n'y a pas d'hôtellerie annexée à la Chambre des députés qu'il n'y couchait pas.

Maxime insistait. Il aurait mieux aimé avoir l'enfant auprès de lui. Il eut même la maladresse de dire qu'elle lui serait une compagnie. Les larmes montèrent aux yeux d'Hélène et il dut ne pas insister davantage. On allait retourner à Corbeil. Le printemps était revenu. On y ferait venir Rose de Mai sous prétexte que le médecin avait impérieusement recommandé pour elle l'air de la campagne. Maxime aussi, comme les années précédentes, y viendrait passer tout l'été. Boisrobin lui avait fait installer un atelier très suffisant dans les combles et il apprendrait à dessiner, voire même à peindre, si elle montrait quelque disposition, à leur fille adoptive.

Ainsi furent réglées les choses en l'an de grâce 1885 où nous venons d'entrer, et dont le quatrième mois, un adorable avril au soleil souriant à travers les rapides ondées, a rempli les jardins de la Pêcherie d'anémones au cœur de pourpre, d'iris aux ailes violettes repliées, de lilas aux clochettes muettes et parfumées, enchantement des bords de la Seine roulant dans ses eaux claires les reflets de brique du vieux pont.

On trouverait, en cherchant un peu, que tous les événements de l'histoire n'ont eu qu'un objet avouable : donner à la femme une série de décors dignes d'elle. Tel, pour le fantôme glorieux d'Hélène, le ciel empourpré par l'incendie d'Ilion ; tel, pour l'image auguste de Sémiramis, les jardins suspendus de Ninive pareils à des îlots fleuris sur un océan d'azur ; tel, pour le doux visage de Jeanne d'Arc, l'auréole flamboyante des épées déchirant d'éclairs les plis vaillants de l'oriflamme.

Ce n'est à aucune de ces héroïnes qu'il convient de comparer l'humble enfant trouvé dont ces pages ont dit les premières années sans aventures. Mais la femme est toujours la femme sous tous les noms, c'est-à-dire l'éternel mystère, la suprême raison de toutes les choses de la vie, l'étrange divinité à qui les fatalités font cortège, l'hôte énigmatique d'un temple dont le culte s'agite à ses pieds et autour de nous, sans que nous en puissions comprendre les rites, et où nous devons mêler nos adorations à celles de tout ce qui respire. Il sera donc permis de faire remarquer que ce doux coin de paysage printanier au moment le plus exquis de l'année, dans l'encens de toutes les fleurs épanouies, par des jours de lumière et des soirs de parfums, était ou semblait fait pour la venue de celle qui l'allait emplir du rayonnement de sa beauté et de sa jeunesse.

Force nous est de faire le portrait de Rose, son portrait définitif, non plus d'enfant, mais de femme prête aux vaillances et aux désespoirs de la vie passionnelle, la seule qui compte vraiment.

Elle n'était ni petite, ni grande, ni grasse, ni maigre, et toute son allure respirait une certaine fierté ; elle se cambrait en marchant comme un jeune coq et sa marche avait quelque chose d'étrangement résolu. A force de foncer, à mesure qu'elle grandissait, ses cheveux étaient devenus d'un noir opaque avec des reflets bleus comme en a le ciel par les nuits sans étoiles. Ils ne frisaient pas, mais descendaient en ondes lourdes et sombres, se séparant par masses aux longues ondulations comme un torrent qui se brise en plusieurs cours ; et ainsi tombaient-ils en serpentant jusqu'à ses jarrets, ses jarrets souples et nerveux qui donnaient cette détente singulière à ses pas.

Sans être aussi bas que celui des statues antiques, son front s'engloutissait rapidement comme un roc de carrare pur, sous cette forêt débordante. Le dessin des sourcils était bien net et leur double arc surmontait des yeux dont le globe d'un azur très intense était presque complètement empli, comme ceux des fauves, par la prunelle. Celle-ci était d'une couleur indéfinissable avec beaucoup de paillettes au fond, comme si ces yeux étranges étaient faits avec deux gouttes du Pactole.

Ils avaient des reflets de pierrerie et dans leur gris très sombre passaient des lumières d'améthyste. Le regard en était singulièrement mobile, tour à tour humide de tendresse, puis implacable, tout à fait mystérieux et profond : un double gouffre où descendait la pensée inquiète ; un abîme plein d'attirances ; un foyer magnétique ; deux phares montrant aussi bien le chemin des écueils que le port du salut.

Le nez légèrement bourbonien — oh ! à peine — était

d'une extrême finesse et les narines y palpitaient comme des ailes de papillons assez transparentes pour qu'on pût voir la rose au travers. Un poème de sensualités exquises était écrit là. La bouche était petite avec des dents d'un blanc laiteux et légèrement festonnées au bord comme celle des jeunes chiens ; le teint du visage était d'une matité admirable et d'une glorieuse unité de ton. Un grain de beauté au bas de la joue gauche y faisait l'effet d'une mouche tombée dans une jatte.

De belles lumières d'ambre mettaient une impression de chaleur vitale dans l'expression du cou, correct comme celui d'un cygne et s'élargissant aux épaules, sans inflexions brusques des lignes, comme un double fleuve qui descend. Celles-ci n'étaient pas plus larges qu'il ne convient et, s'il faut deviner sous le vêtement la structure du corps, Rose appartenait certainement à ce merveilleux type de la beauté antique surmontant d'un buste et d'une gorge juvéniles un développement inattendu des hanches : au-dessous d'une impression toute virginale, une singulière impression de puissance et de maternité. Elle était suivant le moule admirable des amphores dont le ventre majestueux apparaît plus large que les bords supérieurs.

C'est une simple indication qui est donnée ici et seulement pour ce que cette jeune fille entrait dans la maison d'un peintre noblement amoureux des vraies beautés de la femme et à qui aucune de celles-ci ne devait échapper. Quant à Rose, elle en semblait absolument inconsciente et toute cette splendeur était enveloppée d'un charme profondément pudique, comme un marbre antique visible à peine dans les transparences dorées des matinales vapeurs.

Elle se croyait certainement seule, sans doute, le jour où, les premières chaleurs l'accablant, elle entr'ouvrit assez son corsage pour que nous puissions vanter la liliale beauté de sa gorge où d'imperceptibles veines bleues mettaient un réseau d'azur comme ces filets d'or, dont enveloppaient quelquefois les leurs, les femmes de l'antiquité latine. Elle était bien de sang latin, en effet, avec son admirable finesse de peau et ce beau regard dominateur qui dit la noblesse des races. La sienne s'affirmait encore par la petitesse et surtout le modelé aristocratique des pieds et des mains : des mains qui avaient des inflexions d'ailes de tourterelles prêtes à s'envoler ; des pieds à la cambrure victorieuse avec les chevilles bien hautes et d'une parfaite symétrie.

Du portrait physique au portrait moral la transition est simple. Car il est une logique impitoyable dans ces relations de l'âme avec l'aspect extérieur.

Le mystère ne faisait que s'accentuer davantage pour qui le voulait chercher plus loin que l'impression indéfinissable de ses yeux de sphynx que j'ai décrits tout à l'heure. Mais certains caractères extérieurs avaient une traduction intime bien nette dans les profondeurs de son être. La distinction qui était l'honneur de sa personne, elle existait également dans ses goûts. Le commun et le banal lui faisaient horreur. Elle portait certainement, en elle, l'orgueil de quelque noblesse inconnue, quelques gouttes d'un sang royal sans doute qui lui montaient souvent à fleur de veines, tant elle avait de révoltes inattendues.

Elle n'était pas précisément rêveuse, mais elle avait de la nature un sentiment étrangement juste et ému. Elle aimait les fleurs par-dessus toutes choses et demeurait volontiers en extase devant une rose. En musique, elle comprenait plutôt le pittoresque. Les sens étaient, chez elle, d'une délicatesse touchant à la nervosité. Ses compagnes de pension l'aimaient beaucoup et la proclamaient essentiellement bonne. Elle était cependant d'un caractère très réservé et aucune ne se pouvait flatter qu'elle leur eût jamais ouvert son âme.

Une certaine volonté contenait la vivacité de ses impressions. Elle mettait une sorte de pudeur à ne se point laisser deviner dans les choses qui, sans doute, lui tenaient le plus au cœur. Ce qui dominait certainement, dans cette créature attirante, c'était une fierté vague, un grand respect de soi-même, ce qui fait, au demeurant, les plus honnêtes femmes et les plus dignes d'être estimées. L'amour du beau, qui était constant en elle, y devenait de l'amour-propre aussi.

Ce fut Hélène qui l'alla chercher dans les derniers jours d'avril. Pour je ne sais quelle raison, elle n'avait pas voulu que Maxime l'accompagnât. Le petit bagage de la pensionnaire fut bientôt fait. Durant le trajet, Mme Boisrobin voulut tâcher de connaître les impressions de Rose. Mais elle en fut pour ses frais. Rose la remerciait avec effusion des bontés qu'elle avait pour elle et c'était tout. Alors Hélène lui parla de Maxime. Rose s'en exprima avec la même expression de reconnaissance sans au-delà. Elle leur devait tout, le savait bien et ne l'oublierait jamais. C'était assurément un langage plein de droiture, mais dont la tendresse n'allait pas jusqu'à l'abandon.

Elle apparut enfin à la porte de cette maison du quai de la Pêcherie où, dix ans auparavant, le hasard l'avait jetée sous une rosée de champagne et sous un éparpillement de fleurs. Si elle eut quelque émotion à la revoir, ses yeux n'en dirent rien ; car aucune larme n'y monta et son sourire ne fut qu'un salut de bienvenue à ce premier foyer qui lui avait donné la vie.

Maxime accourut en entendant la voiture. Il eut comme un éblouissement devant la rayonnante beauté de Rose entrant dans une auréole de soleil couchant, comme une clarté d'aurore dans cette lumière de déclin, comme un jour de printemps perdu dans l'automne de sa propre vie. Elle portait un chapeau de paille qui se dressait autour de sa nuque comme un nimbe d'or avec des fleurs qui en débordaient, des églantines aux larges pétales. Une robe légère bise rayée de bleu lui seyait à ravir dans sa simplicité pleine de goût. Elle se jeta dans ses bras et il, lui, garda les lèvres appuyées sur le front, un instant, dans cette odeur douce des cheveux de femme qui est une délicieuse griserie.

Boisrobin, qui traînait maintenant un peu le ventre, arriva en soufflant.

— Ah! c'est toi, petite, fit-il. C'est bien de ne pas oublier ceux à qui tu dois tout. Qu'est-ce que tu serais devenue, ma pauvre Rose, si mon toit ne t'eût reçue? Mais je suis comme ça, moi. Et, sans insister davantage :

— Madame Boisrobin, fit-il en s'adressant à sa femme, je vous avais déjà priée de ne pas faire brosser

mes vêtements avant que j'en aie visité les poches. On en aura fait certainement tomber les notes que j'avais compilées pour mon grand discours touchant la crise sucrière, sur lequel tout le monde compte pour l'ouverture de la session. En revanche, on a remis à tort dans mon paletot ce portefeuille avec un tas de fleurs sèches dedans. Il est probablement à vous, mon cher Maxime.

Maxime prit, avec un léger embarras, l'objet qui était à lui en effet et qui contenait un bouquet écrasé que lui avait donné quelques jours auparavant Hélène. Car elle en était encore, la charmante femme, à ces riens délicieux par où commencent toujours et finissent rarement les sérieuses tendresses.

— Je n'ai pas le temps, acheva l'ex-avoué, avec un gros rire, de m'occuper comme vous de botanique.

— Il appelle cela de la botanique! pensa Hélène, qui ne put réprimer non plus un frémissement de gaieté.

Et M. Boisrobin rentra dans son cabinet, sans se plus occuper de Rose.

Hélène installa celle-ci dans une chambre voisine de la sienne. M. et Mme Vésinier vinrent dîner à l'occasion du retour de l'enfant prodigue. Les pauvres gens étaient bien cassés. Mme Vésinier était devenue sourde aussi. On n'a pas idée de ce qu'était un dialogue dans le ménage. C'est à peine si on aurait pu y causer avec des coups de canon.

— Vous ne l'auriez pas reconnue certainement! fit Mme Vésinier à son mari en lui montrant Rose.

M. Vésinier s'imagina, on ne sait pourquoi, qu'on

lui présentait la future de Gontran. S'inclinant devant la jeune fille, avec infiniment de respect :

— Mademoiselle, lui dit-il, je serai enchanté de vous servir de témoin, quand vous ferez la noce.

Les Mirevent vinrent seulement, dans la soirée, prendre un verre de sirop. M. Mirevent prit M. Boisrobin à part et celui-ci devint soudainement pâle comme un mort.

Bourichon avait enfin obtenu son amnistie et Bourichon était rentré dans Corbeil.

— Que ce gouvernement est faible ! s'écria le député. Je deviens pour la main de fer, mais sans le gant de velours.

Et M. Boisrobin eut un geste impitoyable que la mémoire du duc d'Albe n'eût pas répudié.

XI

Peu d'étés s'annoncèrent aussi magnifiques que celui-là. C'était une inconcevable splendeur de toutes les choses dans un air fait de musiques d'oiseaux et de parfums, un épanouissement de toutes les fleurs dans la sérénité d'un temps superbe. Une superstition douce est au fond de toute âme aimante, et Maxime manquait rarement de dire :

— C'est toi, Rose de Mai, qui nous as apporté ce beau soleil.

Car, comme les bêtes que le seul aspect du ciel fait joyeuses ou mélancoliques, les êtres doués d'une sensibilité vraie subissent une influence pareille et l'admirable décor d'azur et de verdure dont ils étaient comme étreints et enveloppés mettait, pour Maxime, pour Hélène et pour Rose, un surcroît de joie dans la grande et intime joie de se trouver réunis. M. Boisrobin prétendait, lui, que ce sont choses indifférentes. Mon Dieu, cela dépend de la façon dont on vit! Il n'est pas besoin, en effet, d'un paysage rayonnant ou ému pour collationner des paperasses ou légiférer en chambre, comme c'était sa nouvelle occupation.

On eût imaginé difficilement une existence mieux réglée que celle dont Mme Boisrobin, qui était avant tout, intelligente et avisée, fit la norme de la maison. Maxime montait de bonne heure à son atelier, durant que les deux femmes vaquaient aux choses du ménage, Hélène ayant juré de faire de Rose une personne accomplie, même aux points de vue les plus bourgeois. Mais le peintre était-il laissé à son inspiration dans cette solitude douce, où, sans rien entendre, on sent cependant vivre autour de soi C'est dans ce faux isolement que se meut le plus librement la pensée. Plus que jamais Maxime se croyait épris de gloire, en espérant qu'il en demeurerait quelque chose au doux front qu'il avait si joyeusement baptisé en un jour qu'il n'oublierait jamais. Et volontiers l'image de la jeune fille revivait dans les figures qu'il esquissait, non pas avec la servilité des portraits, mais par je ne sais quel élément immatériel de ressemblance dont Hélène fut frappée la première. Rose se mit à rire quand celle-ci en fit la remarque devant elle.

— C'est la tendresse de vos yeux qui me voit ainsi, dit-elle, et je ne suis pas si belle que cela.

Maxime garda, de cette observation, une certaine

timidité et souvent lui arrivait-il, quand il entendait monter Mme Boisrobin, d'effacer le visage ou le corps ébauché, sans bien se rendre compte pourquoi.

Le déjeuner réunissait tout le monde. C'était une façon de débondage pour les sottises que l'ex-avoué avait accumulées dans son cerveau depuis que l'aube avait entr'ouvert les portes du ciel sur la bêtise de l'humanité. Mais personne n'écoutait ses billevesées. Hélène, particulièrement habituée à ce bruit de paroles, n'en était même plus incommodée. Maxime poussait des interjections au hasard par politesse. Rose s'extasiait sur les admirables couleurs des dernières cerises et des premières prunes, avec des mots de peinture à la bouche, comme tonalité exquise, relation de tons, valeurs, que sais-je encore! tout le langage nouveau, et par conséquent charmant pour elle, que son maître lui avait appris.

Car elle prenait avec une extraordinaire ardeur ses premières leçons, après la promenade au jardin qui suivait le déjeuner, dans l'atelier où elle suivait Maxime et copiait, d'après nature, sous sa direction, des fleurs ou des fruits, ces natures mortes plus vivantes que la vie, qui sont pour l'œil la meilleure des éducations. Ça avait été une grande joie au peintre que la découverte des dons incontestables de son élève. Rose voyait juste dans la nature, et cela ne s'apprend pas. Ses premiers essais avaient déjà le caractère de sincérité dans la perception sans lequel il n'est pas d'art véritable. Tel le poète qui n'aurait pas en lui la musique divine des mots. Maxime accrocha triomphalement au mur de l'atelier, à la plus belle place, le premier pastel de

Rose, un pot de géraniums qu'il admirait avec une naïveté ayant abdiqué tout contrôle esthétique.

— Quel beau ton! s'écriait-il devant ce croquis délicieusement maladroit, mais où était, en effet, l'essentielle vertu qui fait le coloriste.

Et, quand elle s'appliquait ainsi, sérieuse et silencieuse, penchée sur son chevalet, il demeurait derrière elle en contemplation, suivant le moindre coup de son crayon, mais sans avoir, autant qu'il le croyait peut-être, l'esprit à son ouvrage et à ses progrès.

Car, ce qu'il admirait surtout et plus encore, c'était cette délicieuse silhouette de jeune fille travaillant dans un oubli apparent de toute coquetterie. Ah! si les femmes savaient le charme que leur donne ce faux abandon du désir de nous plaire! Sous une façon de grande blouse grise qui lui donnait encore l'air d'une pensionnaire, Rose révélait un redoublement de ses grâces naturelles. Assise qu'elle était sur un tabouret, sa pose laborieuse donnait une ondulation singulière à ses reins, une ligne à la fois nonchalante et tendue à son corps souple et nerveux. Ni jupons empesés, ni tournure ne mêlaient leur affreux mensonge à la réalité tentante de ses formes aux reliefs sculpturaux. Ces étoffes légères lui collaient aux épaules et aux hanches, les dessinant, pour ainsi parler, dans le jet noble et vraiment aristocratique de toute sa personne.

Et c'était une merveille aussi que sa belle chevelure noire, mal retenue par le peigne piqué de travers, débordant sur la nuque et descendant en masse sombre sur son cou, sans qu'elle y fît la moindre attention. Et ainsi, lui apparaissait-elle, derrière ce rideau magnifique — en profil perdu — un coin de joue seulement duveté comme une pêche à la lumière, et la pointe du menton immobile et comme figé par la tension de la volonté.

C'est ainsi qu'à vrai dire il la trouvait le plus charmante. C'est à peine s'il osait toucher à ce qu'elle avait fait pour le corriger. Il le faisait respectueusement, comme un prêtre obligé de manier une relique. Et souvent trouvait-il que ce qu'il avait retouché était moins bien. Le parfum pénétrant des roses coupées ou la savoureuse odeur des prunes se déchirant, posées sur la table ou dans un vase ou dans quelque assiette de vieille faïence, flottait autour de la jeune fille assidue et se mêlait à son souffle léger.

C'est surtout quand Hélène n'était pas présente à la leçon que Maxime savourait ce tableau, sans trop se l'avouer à lui-même. Il voyait arriver cette heure de la journée avec une impatience de plus en plus grande. Il la hâtait de toute sa force. Rose avait besoin de travailler plus longtemps! Il fallait qu'elle arrivât plus vite que personne et exposât au prochain Salon! Elle se moquait de lui quand elle l'entendait parler ainsi ; mais l'ambition secrète était aussi, en elle, d'atteindre à quelque renommée, et, tout en faisant la modeste, elle avait parfaitement conscience du présent que la nature lui avait fait.

Les soirs étaient particulièrement doux, ces longs soirs qui sont comme une caresse de l'atmosphère rafraîchie, quand un feston sanglant traîne encore au bord du ciel et que les premières étoiles, clignotantes comme des yeux qui s'éveillent, semblent soutenir comme des clous d'argent, la flottante draperie des cieux pleins d'une ombre bleue infiniment ondoyante.

C'est en bateau que se passaient le plus souvent ces heures élues entre toutes dont l'aile fait passer comme une brise sur les fronts. Une norvégienne emportait nos amis, bourrant l'eau de son avant en museau, lente sur sa quille ronde, filant pourtant avec une régularité douce, les rames plongeant à peine dans l'eau. On remontait ainsi jusqu'à l'île des Paveurs, une de ces îles merveilleuses de la Seine qui sont comme des bouquets tombés dans l'eau. Les deux femmes étaient à l'arrière du canot. Hélène apprenait à Rose à barrer et M. Boisrobin se tenait volontiers à l'avant, avec des poses d'amiral, quand toutefois il ne s'y endormait pas, mêlant tout à coup un ronflement sonore et inattendu au frémissement d'écume que la barque poussait devant elle ; au clapotis des larmes pendues aux avirons et retombant dans le fleuve ; au bourdonnement des phalènes qui passaient, se ruant à quelque lumière de la rive où leurs ailes de velours s'allaient brûler ; à ce bruit innombrable de l'eau dont la nuit relie les voix troublantes comme si les esprits se mettaient à parler entre les roseaux.

Derrière le rameur, les îlots donnaient de grandes masses d'ombres, estompées par les vapeurs montant du fleuve, et le mystère de ce paysage s'illuminait quand la robe d'argent fluide de la lune venait s'effranger à l'imperceptible frémissement de l'onde sous le vent tiède encore et chargé de l'odeur grisante des foins. Nous portons tous, en nous, un gondolier qui sommeille. Qui n'aime pas à chanter la nuit, sur la rivière? Maxime entonnait bravement quelqu'une de ces chansons magnifiques de Pierre Dupont qui sont d'un des grands poètes de cet âge. Il n'avait plus sa voix de vingt ans, cette belle voix sonore que lui avait tant enviée Tancrède Ratin, mais il disait encore avec justesse des vers qui peuvent être dits aussi bien que chantés.

Et Rose? Avait-elle de la voix? Oui : une voix pénétrante et comme contenue, moins un de ces égrènements de perles qui font la fortune des chanteurs de profession qu'une musique de source filtrant, entre les hautes herbes, une eau toute chargée encore de sables d'or. Musicienne, elle l'était comme on l'est au sortir des couvents, avec une éducation très imparfaite et une ignorance trop grande des vrais maîtres. Mais elle avait pour certaines chansons étranges et mélancoliques un goût particulier. Maxime aimait, avant tout, lui entendre chanter cette singulière complainte dont Charles Cross a écrit tout ensemble les vers et la musique et qui commence ainsi :

> Sous un roi d'Allemagne ancien,
> Vivait Gotlieb, le musicien.
> C'était au temps des pervenches :
> Hou! Hou! Hou!
> Le vent souffle dans les branches.

Et c'est celle-là qu'il lui demandait toujours, dans ces intimes concerts entre Corbeil et Soisy-sous-Étiole dont les souffles du soir n'apportaient même pas l'écho jusqu'aux rives endormies où, une à une, s'éteignaient les dernières lumières. Vers onze heures seulement on redescendait au cours de l'eau, les rames repliées au flanc du bateau comme les ailes d'un oiseau qui se repose. Et la brise plus fraîche, parce qu'elle s'était plus longtemps mouillée au flot que n'incendiait plus le soleil, apportait à Maxime recueilli le souffle de Rose toujours assise à l'arrière et dont quelques mèches

noires de cheveux à demi flottants entouraient la tête d'un paraphe capricieux. Quand, dans les premiers assoupissements du sommeil à venir, Hélène regardait dans le vague, les yeux de Maxime cherchaient ceux de Rose dans l'ombre où se croisent seulement les regards des astres et ceux des amants.

Les deux femmes ne se quittaient guère. Elles étaient exquises à voir, d'ailleurs, dans le jardin matinal, quand, les ordres donnés aux domestiques, elles suivaient les allées entre deux bordures d'œillets, le bras d'Hélène ordinairement posé sur celui de Rose et, toutes deux, le visage enveloppé de larges chapeaux de paille qui se redressaient en nimbes de martyrs quand le vent leur venait en face.

Elles s'arrêtaient pour couper les roses fanées qui chargent inutilement les tiges, ou bien pour se montrer, en passant près des bosquets de lilas défleuris depuis longtemps déjà, les nids d'où les petites fauvettes venaient de partir. Celle-ci était le printemps en boutons et celle-là l'automne au front coiffé de roses trémières. En elles se mariaient le charme des aurores à celui des déclins. Un peu de la jeunesse de Rose semblait rayonner aux lèvres encore souriantes d'Hélène, et un peu de la mélancolie de celle-ci semblait descendre de son front sur celui de la jeune fille. Elles étaient, à elles deux, la femme complète, celle qu'on espère et celle dont on se souvient ; celle que le rêve attend et celle que la mémoire regrette ; celle qui nous devrait consoler des larmes que nous fait couler l'autre, si la vie avait les pitiés qu'il nous faudrait pour être heureux !

Certes, tout parlait de tendresse entre ces deux sœurs d'âge si différent. Hélène cependant, qui était naturellement expansive, souffrait du manque d'abandon qui était au fond du caractère, d'ailleurs égal et très doux, de Rose. Ce lui était un souci vague et presque un chagrin que le mystère dont celle-ci laissait ses impressions enveloppées, affectueuse autant qu'on le peut être, mais n'ayant aucun de ces petits secrets que les jeunes filles n'ont d'ordinaire que pour avoir le plaisir de les révéler.

Mme Boisrobin pressentait, dans cette enfant, une femme que la volonté avait formée avant l'âge et qui était son aînée peut-être par la maturité inquiétante de la réflexion. Souvent lui arrivait-il de regarder Rose bien en face, les yeux dans les yeux. Mais le brillant de pierrerie humide de ceux-ci ne se troublaient pas ; ils gardaient jusque dans le fond leur rayonnement clair et cet imperceptible scintillement d'étoiles qui donne l'impression céleste de l'infini dans les nuits constellées. Et c'était elle dont les paupières s'abaissaient les premières, comme vaincues par ce regard à la fois caressant et despotique, mais insondable avant tout.

Son attitude vis-à-vis de Maxime n'était pas d'ailleurs sensiblement différente. Mais celui-ci, par un sentiment d'une analyse complexe, refusait à sa pensée toute recherche dans celle de Rose de Mai. Le problème ne lui apparaissait-il pas ou était-il résolu à ne pas chercher à le résoudre? La vérité est que, si l'angoisse du Sphynx était en lui, sa volonté inconsciente était de ne le pas interroger. A peine quelquefois, quand Rose travaillait auprès de lui, en blouse comme il l'aimait tant, sous son habit d'écolière et presque d'écolier, lui avait-il demandé en plaisantant si elle se voulait marier jeune et quels étaient ses rêves de mari.

Sa gaieté avait alors quelque amertume et il semblait heureux ensuite qu'elle ne lui eût pas répondu. Elle-même semblait fuir ce genre de questions, non pas cependant avec Boisrobin, qui lui donnait de si amusants conseils que tout le monde en mourait de rire autour de lui, sans qu'il s'en aperçût. Car l'ex-avoué avait atteint ce niveau d'infatuation personnelle où l'homme est fort au-dessus de toute moquerie et où l'on pourrait lui dire en face qu'on se moque de lui qu'il n'en voudrait rien croire.

Le ton entre la jeune fille et son parrain — j'allais dire son père adoptif — était resté celui d'une familiarité qui ne semblait gênante ni pour l'un ni pour l'autre. Ils se tutoyaient, le plus souvent tout naturellement, et les façons réservées de Rose étaient là pour maintenir les choses dans les limites d'un bon ton parfait. Maxime la baisait soir et matin sur les joues, bruyamment, gaiement, plutôt deux fois qu'une, mais sans gloutonnerie. Une fois seulement il lui avait posé les lèvres sur la main, parce que cette main venait de lui offrir une fleur. Un regard d'Hélène l'avait rendu tout rouge ensuite. Celle-ci ne lui en avait jamais parlé depuis, mais il s'était souvenu.

Après une série de beaux jours occupés comme vous avez vu, un orage avait troublé la limpidité du ciel. Il avait tonné vers quatre heures, puis il avait plu à torrents. La tempête venait de la forêt de Rougeaux, au-dessus de la berge de Senneport, dont les masses d'arbres avaient paru, un instant, comme déchirées par les éclairs ; des nuages de sable jaune et menu couraient dans la transparence du fleuve et toutes les verdures avaient ce parfum de feuillage mouillé où tous les aromes se mêlent dans une odeur grisante ; un énervement profond était dans l'air. Les discours de Boisrobin étaient encore plus insensés que de coutume. Quant à Hélène, une migraine très forte l'avait décidée à se coucher presque immédiatement après le dîner qui avait été sommaire, entre gens mal à l'aise dans cette tiédeur humide de l'air.

Après avoir été s'assurer qu'elle ne manquait de rien, Rose était redescendue dans le petit salon où M. Boisrobin dormait, avec vacarme, couché tout de son long sur un canapé. Quant à Maxime, il regardait par la fenêtre le ciel se déchargeant peu à peu de nuées et une grande bande de turquoise presque verte descendant jusqu'à la raie de cuivre dont le couchant marquait l'horizon. Dans cette baie de ciel à la fois limpide et sombre, une étoile semblait un phare allumé sur un océan, et les silhouettes étaient très nettes sur ce fond tragique où des fumées rouges comme celles d'un incendie passaient quelquefois: le pont noir sous les tremblotements de feu du gaz et l'église de Saint-Spire trouant de son clocher les masses grises qui flottaient encore là où le vent n'avait pas balayé les dernières traces de l'orage. Les deux coudes sur la barre, Maxime regardait encore, dans la Seine, de grandes lames métalliques, couchées par les éclaircies du ciel lointain, et semblant des coulées de plomb fondu sur l'eau, partout ailleurs sombre comme un Léthé.

— Une petite place, s'il vous plaît? lui dit la voix de Rose.

Et elle se mit auprès de lui, son coude contre le sien et la tête si près de la sienne qu'il sentait le frémissement de ses cheveux le long de sa propre joue. Son épaule aussi frôlait de si près sa propre épaule qu'il en sentait la chaleur douce et parfumée; son pied aussi touchait presque le sien, si bien que, du haut en bas de tout son corps, c'était un contact insensible, matériel à

peine, mais où il se complaisait si fort que, pour rien au monde, il n'eût fait le moindre mouvement. Et elle se prêtait à la même immobilité, silencieuse comme lui, comme lui toute à la contemplation — en apparence au moins — de ce spectacle du ciel, sur qui un crêpe semblait tendu obliquement d'un bout à l'autre de l'horizon ; de l'eau où se réflétaient cette partie sombre et cette partie claire comme sous les mailles d'argent d'un filet légèrement agité.

Et ce que dura ce recueillement à deux, sans une parole, nul plus que l'autre ne le sut. Une minute peut rouler en elle des siècles de pensée. Le ciel était redevenu complètement pur et la terre descendait dans le fleuve irradié quand Rose dit à Maxime d'une voix très douce :

— Bonsoir.

Et, comme à l'ordinaire, elle approcha son visage du sien ; mais par quelle maladresse de l'un d'eux le baiser qui devait caresser la joue glissa-t-il plus bas et leurs bouches se rencontrèrent-elles ? Les lèvres de Rose restaient fraîches, sous celles de Maxime qui brûlaient, sans révolte, sans fuite, ses lèvres entr'ouvertes sur les dents. M. Boisrobin eut un sursaut de cauchemar sur le canapé. Rose partit brusquement sans se retourner. Maxime porta vivement la main à ses yeux. Ils étaient tout pleins de larmes.

XII

C'est qu'un voile venait de s'y déchirer, un voile qui, pareil à la robe de Nessus, tenait si étroitement aux chairs qu'elles se déchiraient avec lui. Car ce fut, tout d'abord, une grande douleur et une grande honte qui lui vinrent dans l'âme de se sentir épris de celle qu'il avait cru aimer comme son enfant.

De quels mensonges nos sentiments se décorent pour nous-mêmes et quel néant est au fond de cet orgueil qui fait pourtant les meilleurs d'entre nous ! Cette fierté qu'il portait en lui, de s'être ainsi dévoué à un être pour la seule pitié que lui inspirait sa faiblesse ; toute cette abnégation, cette ardeur au sacrifice, toutes ces gloires de sa conscience passée, tout cela n'était qu'un tortueux chemin vers une tendresse qui n'avait plus le désintéressement pour honneur !

Et cette vie qu'il avait risquée à Saint-Cloud, pour elle, et cet oubli quotidien de ses propres travaux, de sa propre renommée de peintre pour les humbles devoirs d'un simple maître de dessin, et toutes ces joies intérieures qu'il croyait celles d'une affection protectrice, au-dessus de tous les désirs, il en savait maintenant le secret et tout ce sublime dont il s'était imaginé être le héros s'évanouissait devant lui ! Dans cette chute s'abaissaient toutes les hauteurs de son âme et se brisaient les ailes d'azur de son rêve et s'envolait le beau poème longtemps caressé, comme les pages que le feu consume et qui ne sont plus que de petits nuages noirs et cassants que le vent emporte.

Il n'y avait aucune illusion à se faire sur cette révolution venue d'une simple rencontre des lèvres, sur la nature de cette métamorphose accomplie par un baiser sur la bouche. Rien de mystique dans ce qu'il avait ressenti et les ardeurs du platonisme le plus exalté ne vont pas jusqu'à cette acuité de sensations. Ce n'était plus pour le charme mystérieux de son être, pour la gaieté de son sourire, pour la jeunesse de son regard qu'il aimait Rose de Mai, mais pour la grâce sensuelle de son corps de femme, pour sa gorge aux fermetés virginales, pour l'attrait plastique de sa personne faite pour les charnelles voluptés.

Il savait bien maintenant pourquoi il lui avait été doux de demeurer de longues heures si près d'elle que son bras frôlait le sien et en sentait la chaleur, pourquoi il lui était arrivé de sentir le pinceau glisser dans ses doigts, quand lui apparaissait l'image de Rose entre son impatience d'accomplir une œuvre et la toile commencée. Il se rappelait ces anéantissements délicieux de la pensée où elle l'avait laissé souvent, en le quittant, avec le parfum de sa toilette et de sa chevelure où pendait toujours quelque fleur et comme il avait savouré, dans un silence recueilli, tout ce qui restait encore d'elle quand elle n'était plus là! Et il se disait que tout cela lui venait de bien loin et que cela avait été peut-être toujours ainsi. La mémoire lui revenait des bonheurs presque coupables qu'il avait eus à porter l'enfant, déjà presque jeune fille, entre ses bras et des ridicules joies qu'il avait trouvées depuis longtemps à subir ses moindres caprices, comme s'il avait déjà choisi, en elle, le Maître, le Dieu que nous voulons à jamais servir.

Ainsi descendait-il avec effroi dans sa conscience, se demandant comment il avait pu être aussi aveugle pendant longtemps. Puis ses pensées prenaient soudain un autre cours et il se demandait en quoi il était si coupable et d'où lui venait cette fausse peur d'un inceste imaginaire et qui n'était que dans son esprit. Rose n'était pas sa fille suivant le sang. Pourquoi ne l'aimerait-il pas? Et s'absolvant lui-même du gros péché qu'il se reprochait si durement tout à l'heure, il goûtait une joie immense et presque sans remords au souvenir de ce baiser qui lui avait mis une telle fièvre de désir sur la bouche et dans le cœur. Il en goûtait encore la saveur humide et son âme y retournait tout entière comme pour y retrouver les lèvres d'où de telles délices lui étaient descendues.

Et le visage de Rose de Mai lui semblait si proche

du sien qu'il sentait encore l'odeur exquise de ses cheveux et qu'un chatouillement délicieux lui venait aux joues, tandis que l'invisible clarté de son regard l'enveloppait et lui faisait fermer, à lui-même, les yeux. Et ses bras s'ouvraient dans la nuit pour presser cette forme impalpable, pour étreindre ce doux fantôme, pour enfermer dans sa poitrine le trésor dont il se sentait avare jusqu'à l jalousie!

Comme il sentait que tout sommeil lui était impossible, il se leva et ouvrit toute grande sa croisée. Celle-ci donnant sur la Seine, le fleuve lui apparut sombre et tout rayé d'or, par les rayons obliques de la Seine, masse immobile en apparence sur laquelle couraient de grands frissons d'argent. Et ce lui fut comme l'image de tout ce qui s'enfuyait de lui, de toutes ces puretés et de toutes ces nobles ivresses dont il avait vécu et qui n'étaient que des reflets de lumière qu'un souffle fait évanouir.

Le long de l'eau que la nuit faisait opaque et où son image ne descendait plus, le jardin dessinait une dentelure d'ombre et la voix du rossignol en montait avec le bruit de l'eau qui venait clapoter sur la berge, tout contre un large pieu où était amarré le bateau. Ah! s'il avait pu détacher celui-ci et s'en aller bien loin avec elle, bien loin, bien loin, jusqu'à la mer peut-être, la bouche sur la bouche, comme ils s'étaient trouvés un instant!

Et c'était comme une attirance de gouffre qu'il sentait autour de lui, celle d'un abîme où ils seraient descendus ensemble délicieusement enlacés. Et par un mouvement instinctif il se recula de la fenêtre, comme si la hauteur et l'impression du vide étaient pour quelque

chose dans le charme dangereux qu'il subissait. Alors
le paysage lui apparut de plus loin, plus étendu devant
lui, sous le beau firmament étoilé, immense jardin
suspendu au-dessus de nos têtes et plein d'immortelles lucioles.

C'était l'île des Paveurs, où ils avaient abordé souvent, Rose s'appuyant sur son épaule en même temps
que son adorable petit pied se posait sur le bord du
bateau; c'était, plus loin, Grandbourg, où l'ancien parc
Aguado les avait si souvent reçus sous ses hauts ombrages, quand Rose, lassée de la chaleur, s'appuyait,
languissante, à son bras; c'était, au delà encore, Soisy-sous-Étioles, où la grande avenue de tilleuls qui va
jusqu'à la rivière leur avait tendu ses bancs hospitaliers
aux coins mordus par la mousse, quand Rose mettait
en s'asseyant son grand chapeau de paille sur ses genoux
et le laissait essuyer à son front les rosées odorantes
qu'y avait mises la promenade.

Et c'était comme un univers, fait de tous ces souvenirs et de toutes ces délices variées, qui s'étendait devant
lui dans ce coin de nature où ils avaient vécu ensemble,
sous les grandes caresses du ciel et des choses, dans
l'insouciance douce de ce qu'ils étaient vraiment l'un
pour l'autre, respirant aux mêmes fleurs, buvant à la
même source, rafraîchis du même nuage ou chauds
du même rayon de soleil, ayant tout en commun dans
cette fête printanière, enchaînés déjà de mille liens invisibles dont il venait de sentir, lui, l'étreinte pour la
première fois.

Et, dans cette contemplation, avec des retours sur
son âme, tant d'heures passèrent que le petit jour mit

une bande blanche à l'horizon, flottante sur le fleuve, s'étendant sur lui, dans un mirage, pendant que de petites nuées cotonneuses, pareilles à des duvets de cygne, s'éparpillaient comme d'un nid immense et montaient dans l'azur plus pâle où mouraient les étoiles. En même temps, une bise froide ridait l'eau et le rossignol, se taisant, rentrait subitement, farouche, au profond des frondaisons.

Maxime sentit cette impression de fraîcheur et il allait fermer sa croisée quand le spectacle de l'aurore le retint captif, les deux mains posées aux plis du rideau. C'était déjà, à l'orient, un ruissellement de lumière, une cascade de feux rouges, un échevellement de crinières de pourpre secouées par d'invisibles chevaux, une silencieuse fanfare de cuivre, comme pour une bataille, aux confins ensanglantés du ciel. Et il lui sembla que c'était sa vie qui se réveillait en lui, son cœur qui se levait comme le soleil dans cette impression de triomphe et de victoire, son cœur que l'amour venait enfin d'illuminer et d'embraser, son cœur plein de rayonnement et d'extase.

Et une action de grâces vers les dieux épars dans l'infini lui monta du cœur, une façon de prière sans paroles, pour l'indicible bonheur dont il se sentait envahi, comme s'il eût porté en lui le nid mystérieux d'où l'Aurore secouait le battement de ses ailes d'or. Mais ce lui fut une rapide extase, cette émotion du matin renaissant et des formes ressuscitant que subissent, avec les fleurs qui s'ouvrent et les bêtes qui chantent, tous ceux qui aiment les bêtes et les fleurs, et il n'est de vrais hommes et de vrais artistes que ceux-là !

Il se réveilla de cet éblouissement pour entrer dans une inquiétude secrète. Il songea avec une sorte de terreur que, le jour étant venu, il reverrait Rose de Mai tout à l'heure. Et il tremblait à cette idée. Pourquoi ne lui était-elle pas un bonheur impatient, une ivresse fiévreusement attendue? Il voyait plus clair en lui maintenant, comme si la lumière extérieure y fût descendue, ainsi que sur le fleuve, ainsi que sur les verdures frémissantes. Après la grande secousse qui lui était venue de ce baiser inattendu, la nuit lui avait été comme une barrière utile entre sa propre émotion et celle qui en était la cause. Ce bonsoir qui les avait immédiatement séparés avait donné plus de solennité à l'adieu qu'ils s'étaient dit sur les lèvres et leur avait permis de se recueillir, supprimant la honte douce de demeurer en face l'un de l'autre après cet aveu.

Mais voici que les habitudes de la vie familière les allait remettre en présence; Maxime souhaitait presque que ce fût devant des témoins, se disant que l'embarras serait moins grand pour tous deux dans une conversation générale et banale, où aucune explication ne pouvait être demandée ni donnée. Cette gêne presque cruelle qu'il sentait en lui, il la redoutait encore davantage pour Rose et aurait voulu lui en épargner le poids.

Mais de quel droit se préoccupait-il donc ainsi d'elle? Etait-il donc si sûr qu'elle l'aimât pour une caresse volée peut-être; car lui seul était peut-être l'auteur du faux mouvement qui lui avait dérobé le front de la jeune fille pour lui donner mieux encore? S'en était-elle aperçue seulement? Peut-être que, pendant qu'il s'emplissait ainsi l'âme d'angoisse et de remords, elle ne pensait même plus à cet accident sa s importance pour elle. Durant cette nuit d'extase et de torture pour lui, elle avait sans doute dormi bien tranquille, innocente du mal qu'elle avait fait. Car tout cela était possible qu'il eût pris un hasard pour un aveu et que tout fût un rêve dans le bouleversement de son esprit... Mais non! Elle avait été certainement la complice de son bonheur! Ses lèvres, elle les avait vraiment laissées et abandonnées sur les siennes. Ce baiser de flamme, elle le lui avait lentement rendu, le mouillant d'une tendresse égale à la sienne, dans le même frémissement de bonheur dont il était encore secoué, voluptueusement, en femme qui sait ce qu'elle donne et qu'elle se donne en faisant cela.

Au fait, il le saurait bientôt. Car l'heure approchait où elle monterait à l'atelier pour lui dire bonjour comme tous les matins. Il l'y avait devancée et, pour se distraire d'une impatience douloureuse, il avait tenté, comme tous les jours, de se mettre au travail. Mais le pinceau tremblait entre ses doigts et il courait, sur la palette, d'un bout à l'autre, comme un pinceau de fou, sans s'arrêter à rien, faisant s'écrouler les unes sur les autres et mêlant les petites montagnes de couleur où le tube avait laissé ses serpentements. Et puis son cerveau était comme vide. Le sentiment des lignes n'y vibrait plus; les harmonies y étaient obscures comme si un chœur de sourds ne s'entendant pas les uns les autres y eût chanté.

Il sentit bien qu'il ne pourrait rien faire et s'assit à son chevalet, les jambes croisées sur la barre inférieure, la tête renversée dans son fauteuil et essayant de modeler des cigarettes dont le papier se déchirait sous ses ongles maladroits et saccadés. Et il éprouvait un malaise moral inconcevable, une anxiété qui lui mettait des crampes aux cuisses et dans les bras.

Et huit heures sonnèrent qu'il était dans cet état ! Huit heures ! Rose ne pouvait maintenant tarder longtemps.

Ah ! du premier coup d'œil il comprendrait son sort ! Il saurait s'il s'était trompé ou s'il était incontestablement heureux. Des pas de femme montèrent l'escalier. Il eut un tremblement par tout le corps et, n'osant pas regarder la porte, il feignit de se pencher à nouveau sur sa toile. La porte s'ouvrit et il crut qu'il allait s'évanouir. Les pas se rapprochèrent de lui.

— Ne vous dérangez pas, Maxime, lui dit tout doucement la voix de Mme Boisrobin. J'avais cru entendre du bruit dans votre chambre, cette nuit, et je craignais que vous n'eussiez été souffrant. Mais tu es au travail. Ne te dérange pas.

— Merci, ma chère Hélène, lui répondit-il d'une voix qui tremblait imperceptiblement. En effet, je cherche quelque chose.

Elle lui mit un gros baiser sonnant sur le cou comme une sœur. Il eut grand'peine à ne pas tressaillir, car le remords lui passait, sur la nuque, froid comme un couteau de guillotine. Elle était repartie déjà. Il ne l'avait pas regardée en face. Il n'avait pas osé lui parler de Rose de Mai. Et un instant, mais un instant seulement, il pensa qu'il était ingrat pour cette femme qui l'avait, depuis vingt ans déjà, si constamment et si aimablement aimé.

Mais son angoisse le reprit bien vite, l'impatience de revoir Rose, l'impatience du temps qui passait et de Rose qui ne venait pas. La demie sonna, puis neuf heures. Jamais elle n'était entrée si tard. Elle ne viendrait pas ; et, en même temps qu'il en éprouvait un vif chagrin, il en ressentait aussi une joie mystérieuse. Elle aussi avait donc été profondément troublée par le baiser de la veille qu'elle évitait de se retrouver devant lui ! Elle aussi vivait donc sa vie de tortures et de délices qui l'avait fait vivre plus en douze heures qu'en quinze ans de sa vie passée !

Certes, cette absence était un aveu qui remplissait son âme de fierté et d'espérance ! Il était aimé comme il aimait ! Le Paradis où l'on n'entre pas seul s'ouvrait devant eux deux, l'ange désarmé qui en garde la porte ayant jeté son glaive de feu et cueilli de grands lis pour les effeuiller sur le chemin de leur amour ! Elle l'aimait ! Elle l'aimait certainement, puisqu'elle ne venait pas !

Mais alors deux heures encore sans la revoir, deux heures mortelles, deux heures pareilles à des siècles ! Car il ne descendait jamais, sous prétexte de respecter les méditations politiques et humanitaires de Boisrobin, qui s'entourait de silence pour entendre mieux sonner le creux de sa cervelle, avant l'heure du déjeuner ; et, pour rien au monde, il n'eût violé cette habitude ce jour-là, ayant à respecter, non plus le travail d'un imbécile, mais l'embarras de la femme qu'il aimait, cette pudeur exquise qui lui faisait redouter, à elle, sa présence à lui !

Deux heures ! Il voulut se remettre violemment au travail et gâta, en dix minutes, une adorable figure à

laquelle il avait travaillé avec passion depuis une semaine. Il jeta de colère sa palette et son pinceau à terre et se mit à arpenter la chambre, comme font les gens à qui leurs jambes pèsent et qui voudraient se trouver des ailes aux épaules pour fuir la réalité. Il regarda dans le jardin pour voir si Rose n'y était pas. Il se serait caché derrière le rideau, mais il l'aurait regardée. Ah! si elle avait passé, rêveuse, lente dans une allée dont elle n'aurait même pas regardé la bordure de fleurs! Quelle joie c'eût été en lui de la voir ainsi! Il l'aurait appelée de cette voix muette qui monte aux lèvres des amants. Elle ne l'aurait pas entendu, mais un instinct mystérieux lui eût fait lever vers lui ses beaux yeux dont les étoiles étaient maintenant, pour lui, les étoiles mêmes du ciel.

Mais personne dans le jardin. Si! Boisrobin, qui gesticulait, ridicule dans sa robe de chambre, Boisrobin avec son foulard à cornes qui pérorait seul pour se faire la voix et se mettre dans la bouche les mots de son prochain discours, une dernière aux bons crétins, comme on aurait pu qualifier l'éloquence de ce saint Paul.

Maxime regagna son siège, mais n'y put rester un instant. Il avait comme des fourmis partout. Il tint à honneur d'attendre que onze heures sonnassent. Alors il descendit, et il lui sembla que ses jambes se dérobaient sous lui. Il allait revoir Rose.

Tout le monde était à table déjà, sauf elle.

— Votre pendule retarde, Maxime, fit Boisrobin. Il est onze heures un quart.

Maxime pensa :

— Un quart d'heure de plus de souffrance que je dois à mon destin !

Et il regardait la place de Rose, la place vide. Mon Dieu, son émotion aurait-elle été trop forte ? Était-elle malade ? Avait-elle fui peut-être, fui pour toujours, fui sa tendresse coupable ? Fui pour un seul baiser !

Hélène, qui avait saisi le sens de son regard, lui dit en souriant :

— Cette folle de Rose n'est pas encore revenue. Elle est partie de grand matin avec Victoire parce qu'on fait une grande pêche aux étangs de Champrosé et qu'elles se sont mis en tête d'en rapporter une superbe carpe pour le dîner.

— Il la faudra mettre au four, dit sentencieusement Boisrobin. C'est ainsi que je l'aime le mieux.

— Au fait, continua Hélène, vous vous rappelez, Maxime, que votre ami Tancrède Ratin vient dîner aujourd'hui ?

— Le diable l'emporte ! pensa Maxime ; et il se souvint qu'en effet Ratin avait promis de venir passer la soirée à Corbeil.

Et il n'en revenait pas du singulier ordre de préoccupations auquel avait obéi Rose, en choisissant, pour faire cette promenade matinale et culinaire, le jour où il était le plus impatient de la revoir ! Bah ! une distraction qu'elle aura cherchée, sans doute, pour mieux penser à lui.

— La voilà ! fit Hélène.

Et Rose entrait triomphante, avec un beau rayon de jeunesse et de chaleur sur son visage au velours légèrement humide, un sourire radieux aux lèvres, merveil leusement jolie sous son large chapeau de paille que couronnaient des œillets naturels cueillis en chemin, dans sa robe de coutil aux rayures bleues légèrement tachée sous l'épaule et embaumant, comme un jardin vivant, les belles fleurs de la santé et de la gaieté. Jamais elle n'avait eu un pareil air de victoire.

— Regardez ! disait-elle de sa voix qui sonnait comme un timbre d'argent.

Et Victoire exténuée, Victoire au visage baigné comme la mousse d'une fontaine, soufflant et ayant posé à grand'peine son lourd panier sur une chaise, en tira une carpe de huit livres, pour le moins, vivante encore, aux luisantes écailles de bronze, remuant péniblement ses ouïes et bâillant de ses grosses lèvres sans couleur, grasse comme les carpes d'étang, un somptueux poisson qui se sentait mal à l'aise dans l'osier d'une simple cuisinière. Stupide, Maxime, enviait cette bête qui souffrait aussi par Rose et qui, du moins, en allait mourir !

— Nous la ferons au bleu ! fit Rose. Je vais faire le court-bouillon tout de suite.

— On la mangera au four, comme je l'ai dit tout à l'heure, répéta solennellement Boisrobin.

Or, ils se disputèrent, en s'agaçant, sur la sauce, comme de simples sénateurs romains, lui qui n'était que député français ! Et Maxime se demandait si elle lui jouait une comédie pour s'étourdir elle-même et se donner le courage de l'aborder enfin.

Mais non ! C'est le plus naturellement du monde qu'elle vint enfin à lui et qu'elle lui tendit ses joues, qui lui semblèrent froides comme des glaces, toutes roses

qu'elles étaient cependant par la chaleur de la course. Et très naturellement aussi, de sa voix la plus chantante et la moins troublée, elle lui dit :

— Pardonnez-moi de n'avoir pas été vous embrasser ce matin. Vous étiez encore au lit et ce n'eût pas été convenable.

La gaieté de cette remarque, au moins inopportune, acheva de déconcerter absolument Maxime. Rose continua sur le même ton :

— Vous ne m'en voudrez plus quand vous aurez mangé de notre carpe. Je voudrais bien que ce soit tout de suite, car j'ai horriblement faim.

Et, pendant que Victoire sortait pliée en deux sous le poids de son panier, dans lequel la carpe agonisait bruyamment, Rose se mit à table et mangea de tout avec un appétit de jeune chien, trouvant tout excellent, se léchant ses jolis doigts roses, faisant une foule de coquetteries aux comestibles, exquisement sensuelle et n'ayant jamais été de plus radieuse humeur.

On était au dîner quand Ratin entra. Il prit gaiement le café, en blaguant Boisrobin, qui ne prenait plus que du tilleul pour ménager ses nerfs.

— Mes amis, fit Tancrède, si je viens plus tôt que vous ne m'attendiez, c'est que je compte jeter un coup de ligne avant le dîner. Je ne vous embêterai donc pas.

Maxime eut un involontaire soupir de soulagement.

— Tu sais, toi, lui dit bruyamment Tancrède, tu vas me montrer ton tableau tout de suite. Je n'ai pas envie de faire attendre les goujons. Pêcherez-vous avec moi, mademoiselle Rose ?

— Non! fit Rose. J'ai capturé, moi, ce matin, une baleine et je ne veux pas déchoir. D'ailleurs, j'ai ma leçon de dessin à prendre et mon maître ne me permettrait pas de la manquer.

Et, comme elle regardait affectueusement Maxime, en lui disant cela, celui-ci eut, dans l'âme, un frisson de bonheur, un retour à l'espérance.

Il précéda Tancrède dans l'atelier. Quand celui-ci vit la figure qu'il avait bouleversée le matin, il lui tapa sur l'épaule et lui dit philosophiquement :

— Nom de nom! mon vieux, tu fais bougrement mauvais depuis que tu es de l'Académie! C'est du vrai Ratimol que tu me montres là.

Et, sur ce compliment plein de franchise, Tancrède Ratin, qui était un honnête homme, sortit en murmurant dans l'escalier :

— Nom de nom de nom! comme l'Institut vous fiche un homme! Je l'ai échappé belle!

Nous pouvons bien lui permettre cette consolation. Le brave garçon n'avait jamais su le tour que lui avait joué Maxime et celui-ci avait su imposer silence à ses remords pour ne se pas compromettre en s'avouant l'auteur d'une plaisanterie d'un goût aussi douteux vis-à-vis d'un homme, son collègue maintenant.

Et, sur cette pensée vengeresse, Ratin s'arma de la meilleure ligne de Boisrobin, qui avait aussi des prétentions à la pêche, et descendit le long de l'eau jusqu'à une saulaie, sous laquelle il installa son pliant.

Maxime vit, à l'heure ordinaire de la leçon, entrer Rose dans l'atelier accompagnée d'Hélène. Celle-ci les laissa bientôt seuls pour vaquer aux choses de la maison. Le cœur de Maxime battit quand la porte se referma

sur elle, puis il regarda Rose, qui, très tranquill[e]
disposait son chevalet et s'installait devant son [
Lui-même avait repris sa palette et s'était [
devant sa toile, ne trouvant rien à lui dire. [
silence, qui lui était une angoisse, dura jusq[u'à ce]
qu'elle le rompît en s'écriant:

— Ah! mon Dieu, que cette promenade de ce [matin]
m'a lassée! Je ne suis bonne à rien. Venez donc m[e corriger]
un peu.

— Volontiers, fit-il.

Et il eut un tressaillement en s'approchant d'[elle. Il]
allait se retrouver sous cette caresse mortelle du [regard]
de la jeune fille et du parfum vivant de ses cheve[ux, ce]
visage presque aussi voisin du sien que quand u[n sim-]
ple mouvement avait suffi pour rapprocher leur[s bou-]
ches. Et puis, pourquoi Rose l'appelait-elle [ainsi?]
Avait-elle donc quelque secret à lui dire? Obéissa[it-elle]
aussi à une de ces attirances invincibles qui sont, [entre]
ceux qui s'aiment, un lien mystérieux? C'est sou[s une]
émotion indicible qu'il vint s'asseoir sur le si[ège de]
son élève, pendant que celle-ci, debout auprès [de lui,]
se penchait comme pour lui parler à l'oreille, ma[is, en]
réalité, pour regarder les corrections qu'il faisait [à son]
ébauche. Leurs deux têtes n'étaient pas au même n[iveau,]
mais l'haleine de Rose passait, tiède et rythmiqu[e, sur]
son cou, et la rondeur ferme de ses seins to[uchait]
légèrement son épaule à chaque respiration. C'é[tait à]
la fois délicieux et terrible. Et quand ses regards [tom-]
baient à terre, ils rencontraient ce joli pied de la [jeune]
fille dont la cambrure se tendait, bien dégagée [de la]
jupe, comme pour attendre les baisers.

Et son crayon courait au hasard entre ses doigts nerveux.

— Vous aussi, vous n'êtes pas en train aujourd'hui ! lui dit-elle en riant.

Il fit un effort sur lui-même, remit les choses en place et regagna son tableau, pendant que Rose faisait mine de s'appliquer de nouveau à sa tâche.

Et elle se mit, tout en travaillant, à lui parler de choses tout à fait indifférentes, très gaiement, comme à l'ordinaire, mêlant les Vésinier et les Mirevent à ses propos. Tout à coup elle se leva :

— Et ma carpe qu'il va falloir mettre au feu ! s'écria-t-elle. Pardonnez-moi de vous quitter si vite. Mais mon amour-propre est en jeu. Elle sera au bleu et non au four. Je travaillerai plus longtemps demain. A tout à l'heure !

Et, se recoiffant de son grand chapeau de paille, elle se précipita, joyeuse, dans l'escalier.

Un bout de ruban était tombé de son corsage quand elle avait trop vivement dépouillé la blouse qu'elle mettait pour dessiner. Maxime le ramassa pieusement, le porta furieusement à ses lèvres et alla tomber, le tenant toujours, sur le large divan qui composait, à peu près seul, le mobilier de l'atelier.

Il était comme anéanti. Il se demandait s'il n'avait pas rêvé la veille au soir, s'il n'était pas fou aujourd'hui. Et, la lassitude de la nuit blanche qu'il avait passée ayant enfin vaincu l'exaltation de son esprit, il s'endormit d'un sommeil lourd, presque douloureux, où l'image de Rose de Mai passait sans cesse, où son rire tintait, ironique et cruel.

Il dormait encore quand une main se posa sur son épaule qui lui causa un grand tressaillement. C'était Hélène qui était auprès de lui.

— Ce tableau te fatigue horriblement, dit-elle, et ce n'est pas une de tes meilleures choses. A ta place, je l'abandonnerais.

Et, tendre, vraiment affectueuse, presque maternelle, elle l'étreignit doucement, puis lui donna un vrai baiser d'amante qu'il lui rendit en pensant à une autre bouche.

— Il y avait longtemps que tu ne m'avais donné un si bon baiser ! lui dit-elle toute joyeuse. Il faut, vois-tu, nous aimer toujours comme autrefois. Mais viens dîner. Tu étais en retard et c'est pour cela que je venais te chercher.

Il la suivit machinalement en pensant qu'il allait revoir Rose.

XIII

— Eh bien! et cette pêche? fit gaiement Boisrobin à Ratin, après le potage.

— Il m'en est arrivé une bien bonne! fit Ratin, et il ne fallait pas moins que cette excellente soupe pour me remettre de l'émotion que j'ai eue tout à l'heure.

— Enfin, avez-vous rapporté une friture?

— Si je vous avais rapporté ce que j'ai pris, maître Boisrobin, vous auriez fait une fière grimace.

— Ah! ah! du poisson blanc, des brêmes, des gardons, rien qui vaille : c'est bien votre faute. Si vous aviez emporté du ver de vase, comme je vous y avais engagé, vous auriez pris des perches et des goujons, voire de petites anguilles, le long du moulin, qui sont les plus délicieuses du monde. C'était bien la peine que je vous prête ma meilleure ligne pour un pareil fretin !

— J'ai encore pris autre chose, continua Tancrède. D'abord un rhume de cerveau.

Et il éternua si bruyamment sous sa serviette, que les vaisselles en tremblèrent sur les dressoirs. Et il poursuivit :

— C'est vraiment une malechance infernale. J'avais capturé déjà un certain nombre de petites bêtes grouillantes, des ablettes, je crois, que j'avais mises dans un filet accroché à la rive et flottant, captif, au fil de l'eau, quand l'ambition me vint de prendre un des beaux chevènes au dos presque marron que je voyais passer, comme de longues taches, presque à la surface dans un rayon de soleil où ils se plaisaient vraisemblablement. Je sais que ce poisson mord principalement à la sauterelle et qu'il se prend à la volée, en fouettant, comme on dit. J'ajoutai plusieurs mètres de racine à ma ligne, j'en retirai les plombs, j'y attachai un malheureux criquet gris que j'avais pincé dans l'herbe, et vlan ! je commençai à fouetter vigoureusement, égratignant seulement l'eau du vol de mon amorce, de façon à passer le plus près possible de la tête des chevènes, qui couraient immédiatement dessus.

J'étais dans un endroit admirable, au pied d'un bouquet d'arbres, dont les troncs me cachaient et dont les feuillages étaient trop haut pour que je puisse craindre de m'y accrocher. J'en avais déjà pris deux qui pantelaient dans le filet trop étroit pour eux. Je fouette une troisième fois, obliquement, à toute volée ;

mais mon hameçon s'arrête au passage ; j'entends des cris épouvantablement sauvages et j'aperçois, à cinq mètres environ, un homme se roulant à terre en proférant contre moi d'effroyables jurons et d'épouvantables menaces. C'était un passant que je n'avais pas vu et que j'avais appréhendé au nez.

— Et vous avez couru à son secours? demanda Hélène.

— Il était trop furieux, fit le prudent Ratin. J'ai tout laissé et je me suis enfui.

— Et vous avez perdu ma ligne, dit Boisrobin, fort mécontent.

Puis, se frappant le front :

— Mais j'avais écrit, avec la pointe d'un canif, mon nom sur le jonc! Si ce misérable regarde, il croira que c'est moi!

Et Boisrobin se leva dans une inquiétude mortelle. Hélène, très sagement, le calma, en ramenant l'événement à ses vraies dimensions. Il y avait plutôt de quoi rire, puisqu'en somme il n'y avait pas eu d'œil crevé. L'arrivée de la carpe fit une diversion heureuse. La mauvaise humeur de l'avoué put s'exhaler sur un autre sujet. La carpe était au bleu! Rose n'avait pas cédé. Elle fut trouvée délicieuse et la jeune fille sembla très sensible à ce succès. Au dessert, tout le monde se divertissait de l'étrange pêche de Tancrède Ratin.

Maxime faisait de son mieux pour sembler s'en amuser aussi. Mais sa pensée demeurait singulièrement absorbée et inquiète. Le repas lui parut démesurément long. On s'en fut au jardin ensuite. Son œil y cherchait les allées où il s'était le plus souvent pro-

mené avec Rose, et c'est dans celles-là qu'il retournait, tout en mâchonnant son cigare, et il lui semblait que le sable qui criait sous ses pas lui disait le nom bien aimé que tout redisait à son oreille.

Dans le cours du fleuve que le vent du couchant emporte il cherchait la trace lointaine des parfums vivants que Rose laissait sur son chemin. Ainsi se berçait-il d'une immense mélancolie et sentait-il une lourde angoisse monter en lui. Car l'heure approchait où l'on se séparerait pour le coucher. Quel serait le bonsoir de Rose? Le sien irait-il à son front ou à sa bouche? Il s'imagina qu'il serait enfin fixé par cette décisive expérience. Cependant, quand le moment fut venu et que Rose lui eut tendu seulement son front comme autrefois, bien qu'ils fussent assez isolés des autres pour qu'on ne les pût voir, il n'en perdit pas pour cela, l'immense espoir qu'il avait conçu. Le baiser de la veille était toujours là.!

Et, se cramponnant aux ailes déchirées de son rêve, il passa une nuit presque aussi anxieuse que la précédente, se disant que la destinée savait bien ce qu'elle avait fait.

Il le crut bien plus encore quand, le lendemain, Rose, en lui venant dire bonjour à l'heure accoutumée, lui donna une fleur qu'elle avait cueillie pour lui dans la rosée, une rose, comme elle à peine épanouie, et dont les lèvres aussi s'ouvraient sur des perles, en souriant.

Pouvait-il douter après cela? Avait-il donc le droit d'exiger que Rose parlât la première? Ah! son bonheur était certain. Et de rapides enchantements succédaient à ses rapides détresses.

Au déjeuner, Boisrobin arriva rouge et furieux, extraordinairement apoplectique et écrasant un journal dans ses mains crispées.

— Il est heureux, fit-il à Maxime, que votre ami Ratin soit parti, car je l'aurais pulvérisé ! Regardez ce qu'il m'attire !

Et il jeta la feuille froissée sur la table où Maxime la prit et, lui ayant rendu, à grand'peine, la forme d'un journal, y lut l'entrefilet suivant, en première page et au-dessous du titre que couronnaient quelques moguetures d'encre grasse : Le Frelon de Seine-et-Oise : organe de la démocratie avancée.

« *On nous écrit de Corbeil :*

« *Un acte de vengeance politique affreusement lâche a épouvanté notre paisible population. Le doyen de la démocratie corbeilloise, le vénérable citoyen Bourichon, qui avait commencé parmi les combattants de juillet sa carrière révolutionnaire, se promenait le long de la Seine, méditant sur l'instabilité des choses humaines, quand un harpon lui fut jeté en plein visage par un homme qui se cachait derrière des peupliers et qui tenta de l'entraîner dans un gouffre ouvert à peu de distance. L'héroïque résistance du citoyen Bourichon ne permit pas à son indigne agresseur d'accomplir ce funeste dessein. Le misérable a dû s'enfuir devant l'énormité de son forfait, sans que sa victime ait pu voir son visage. Mais une pièce de conviction est restée là qui ne laisse aucun doute sur la personnalité du coupable. Nous dirons demain son nom quand le généreux Bourichon l'aura livré à la justice. Qu'il nous suffise aujourd'hui de dire que ce nom, écrit sur l'instrument de l'assassinat, est celui d'un de nos députés, ancien officier ministériel, rival de Bourichon aux anciennes élections, son ennemi politique acharné, et que seul, parmi les noms des représentants de notre département, il commence par un B. On nous saura gré d'une réserve qui n'est qu'un acte de déférence à l'endroit de la magistrature à qui nous voulons laisser l'honneur de découvrir ce bandit.* »

— Savez-vous ce que ça me vaudra? fit Boisrobin, au comble de la colère. Eh bien! à la prochaine Commune, Bourichon me fera fusiller et tout le monde lui donnera raison!

Et il étouffait, repoussant un verre d'eau sucrée que lui tendait Hélène, tandis que Maxime l'assurait que Tancrède Ratin était un galant homme qui dirait la vérité et ne laisserait pas peser sur un autre la responsabilité d'une maladresse. — Ce serait abominable! s'écriait-il.

Franchement Maxime avait tort d'insister sur ce genre de considérations morales. Mais nous sommes plus volontiers indulgents à nous-mêmes qu'à autrui. Boisrobin, un peu revenu à lui, rentra dans son cabinet pour composer une réponse à cette odieuse insinuation. Il n'y passa pas moins de deux heures et courut la porter aux bureaux du Moineau de Corbeil, organe de la démocratie modérée, dont le rédacteur en chef Clochevent était tout à fait de ses amis. L'ironie s'y mêlait à la colère, et Boisrobin, qui savait que c'est le ridicule qui tue en France (quelle mortalité si c'était vrai!) voulait qu'on illustrât sa prose d'un petit dessin, dans le goût du supplément du *Petit Journal* représentant

Bourichon, au bout d'une ligne, le nez traversé par l'hameçon.

Tout cela n'était pas pour distraire Maxime de l'état vraiment poignant de son âme. Rose de Mai s'en était tenue au don silencieux d'une fleur. En vain cherchait-il, dans sa façon d'être auprès de lui, un encouragement plus direct à lui parler, à lui demander, à l'interroger. Il passait par des ivresses et par des désespoirs où s'épuisaient ses forces. Tous ceux qui ont aimé vraiment comprendront et plaindront cette timidité. Celui qui n'est pas sûr de ne pas rêver redoute le réveil, quand ce qui est peut-être un rêve est certainement tout son bonheur et toute sa vie!

Après trois jours de ce supplice, Maxime dut s'avouer, à lui-même, qu'il était au-dessus de ses forces et qu'il lui fallait, à tout prix, sortir d'une situation créée par le caractère énigmatique de Rose aussi bien que par l'incertitude de son propre esprit. Partir? Partir sans connaître l'arrêt du sphinx! Il ne s'en sentait pas le courage. Quand il saurait seulement la vérité, et si elle était l'écroulement de ses espérances, il fuirait; il fuirait pour longtemps, pour toujours peut-être! Loin de Corbeil, loin de Paris, loin de la France, en Italie, sans doute, plutôt en Hollande où la contemplation des chefs-d'œuvre de son art le consolerait, plutôt encore au Japon, cette France de l'Extrême-Orient, cette Grèce ressuscitée, qui est une patrie à toutes les imaginations éprises d'un idéal fait de plastique et de fantaisie à la fois. Oublierait-il un jour? Il ne le croyait pas. Mais devait-il s'en préoccuper déjà, quand rien encore, n'était perdu!

Il s'était donc levé, décidé à jeter un jour irrémédiable sur son propre sort et à dissiper ce douloureux mystère. Mais ce fut comme un fait exprès. Il ne put se trouver seul avec Rose, un seul instant, soit avant, soit après les repas, comme cela arrivait à l'ordinaire. Hélène assista à la leçon de la jeune fille, un ouvrage de crochet à la main. Boisrobin, toujours courroucé depuis la pêche de Bourichon, eut après le déjeuner des vapeurs qui ne permirent pas de le quitter. Les Vésinier dînèrent et furent plus engluants encore que de coutume. On eut presque dit que Rose évitait le tête-à-tête. Un instinct très possible, étant donnée la subtilité merveilleuse de son tempérament intellectuel, lui faisait-il pressentir et éviter cette explication impatiemment attendue ? Sentait-elle, elle aussi, un malaise de cet état d'âme indéfini ? Maxime se demandait tout cela et en tirait tour à tour des augures propices et défavorables à ses propres vœux. Il était néanmoins décidé à en finir le soir même.

Les Vésinier partirent, après une petite dispute conjugale à bâtons rompus, aucun des deux n'entendant les sottises que lui disait l'autre, mais y répondant tout de même, tout à fait réjouissante pour une galerie d'indifférents. Hélène accompagna dans sa chambre Boisrobin qui était décidément souffrant. Enfin Maxime se trouvait seul avec Rose !

Il faisait une admirable nuit pleine d'étoiles avec de grands sillons d'argent sur la rivière comme des éclairs d'épée dans un fantastique combat enveloppé d'ombre. Les grillons, ces humbles cigales de la Provence parisienne, faisaient une joyeuse musique

dans l'air et des lucioles s'allumaient, çà et là,
les bordures, phosphorescents fallots qui mo
leur chemin aux insectes égarés dans le sable.

— Faisons-nous un tour dans le jardin? fit M
à la jeune fille.

Elle le suivit sur le perron sans lui répondre.
descendirent les marches à côté l'un de l'autre, s
toucher et s'en furent lentement, toujours silen
jusqu'au rebord de pierre surmontant le mur
sur la berge. Là ils s'arrêtèrent pour regarder la
où tremblait le scintillement des astres, comm
larmes à travers des cils.

— L'admirable soirée! fit-elle tout à coup. M
nous marchions un peu?

Ils prirent le quinconce qui bordait le ja
angle droit sur la rivière, un quinconce de tille
fleurs dont l'arôme pénétrant mettait dans
épuisée une adorable griserie. Un bosquet était au
plein de chèvrefeuilles, bien enveloppé dans le
dures, une façon de temple de feuillage bien fai
les cultes clandestins de l'amour. En passant l
d'un rosier grimpant qui lui accrocha légèrem
robe, Rose lui dit:

— On dirait qu'il me demande de cueillir enco
rose pour vous.

C'était, en effet, celui auquel elle avait pris les
qu'elle lui avait données l'avant-veille.

— Non! non! dit Maxime.

Et, avec un élan de tendresse pour toutes les c
qui lui venaient du bonheur que ce mot avait mis

ement jusqu'à sa lèvre et y baisa, sur pied, une
ont quelques pétales tombèrent cependant quand
ndit sa tige, Maxime l'ayant lâchée. Et ce fut

e si c'était un peu des illusions charmantes
i étaient soudain venues tombant à terre déjà.
ifin que prouvait cette aimable parole de la jeune

ne parlaient plus ni l'un ni l'autre, accoudés
étaient contre le treillage intérieur du berceau
equel ils étaient entrés. A travers les bois croisés
:laie, par une éclaircie du feuillage se trouvant au-

dessus de leur tête de façon à laisser voir l'azur sombre du ciel, un rayon de lune glissa qui éclaira, en la frôlant de sa blanche clarté, la chevelure de Rose, allumant des frisures d'argent sur sa nuque et les nimbant comme d'une auréole. Le profil perdu était dans l'ombre, mais pas assez cependant pour que Maxime n'en devinât pas les finesses harmonieuses, et tout le corps formait une masse sombre délicieusement alanguie et toute parfumée des vibrantes odeurs de la jeunesse épanouie. Combien de temps demeura-t-il en extase avant d'avoir ouvert la bouche?... Enfin, n'y tenant plus, il prit doucement celle qu'il aimait dans ses bras, de façon à l'attirer à lui en tournant vers le sien son visage :

— Rose, m'aimes-tu ? demanda-t-il d'une voix qui mourait.

C'est dans un baiser long, abandonné, la « saveur en la bouche », comme disait Ronsard, qu'elle lui répondit avec un imperceptible tremblement de lèvres qui augmentait son ivresse.

— Tu sais bien que oui.

Et elle se dégagea de son étreinte, pendant qu'il s'appuyait au grillage pour ne pas tomber évanoui, tant était immense sa joie.

Des pas retentirent sur le sable. C'était Hélène, cherchant sans doute Rose, qui venait de passer près d'eux. Avait-elle vu quelque chose ?

Et que lui importait !

Mais Rose n'était déjà plus là.

XIV

Oui, que lui importait ! Il était aimé ! Que lui faisait tout le reste ! Le bonheur a des égoïsmes triomphants. Il était aimé ! Tout l'univers pouvait s'écrouler autour de lui, abîmant dans ses ruines tous ceux qu'il avait cru aimer lui-même. Il était comme un homme ivre en remontant dans sa chambre, en y remontant sournoisement comme un avare qui emporte avec lui son trésor et pour que personne ne s'étonnât qu'il fut rentré sans dire bonsoir, comme à l'habitude.

A peine eut-il le courage de se déshabiller pour se

jeter sur son lit, la tête dans les mains, souffrant presque à force d'être démesurément heureux. Il sanglotait positivement et sa bouche mordait l'oreiller comme pour lui demander furieusement la bouche de Rose. Cet état violent fit place à une extase plus douce et tous les bonheurs à venir lui apparurent dans une vision qui lui était comme une floraison de lis montant de son propre cœur et mouillant ses yeux de leur matinale rosée.

Il la voyait au grand jour de l'hymen, en robe blanche, virginale entre les vierges, faite de toutes les puretés et marchant à l'holocauste de toutes les candeurs, heureuse et honteuse à la fois, rose sous les tulles comme un rayon d'aurore sous les buées de l'horizon, avec des perles d'oranger s'égrenant de sa chevelure noire à son corsage. Et il avait envie de se mettre à genoux et de prier comme devant une madone.

A peine osait-il effleurer d'une pensée sacrilège les bonheurs qui l'attendaient après, évoquer cette nuit immortelle dont l'aile d'ombre couvrirait sa suprême félicité et qui la lui pardonnerait dans le sourire attendri des étoiles, l'image de sa fiancée suppliante entre ses bras et toutes les choses chantant leur plus tendre musique dans le silence recueilli autour de leurs embrassements !

Avec des respects révoltés, il fuyait, comme des tentations, ces rêves où s'abîmait sa pensée comme dans un gouffre délicieux. Il voulait penser plus loin, plus tard, quand ils seraient déjà mari et femme, ayant fait de leurs deux vies un lot commun de tendresse et de sacrifice, marchant la main dans la main dans l'éternité qui ne sépare pas ceux qui s'aiment. Et des actions de grâces vers Dieu lui montaient aux lèvres de lui avoir donné cette superstition sainte que rien, pas même la mort, ne romprait leur immortel amour.

Quelle existence douce il lui donnerait! Il en ferait une grande artiste comme lui, et il lui inspirerait, il lui soufflerait, avec ses baisers, le meilleur de son génie; il ne serait plus rien lui-même, pour qu'elle fût tout dans sa gloire, et son image, à elle, vivrait pour la postérité, comme celle de Béatrix Donato que le fils du Titien fit impérissable avant de briser son pinceau. Il humilierait tout son être aux pieds d'un dieu, savourant la douceur de s'anéantir en elle, fou de dévouement et de sacrifice. Oh! oui, quelle admirable vie de femme il lui ferait!

Tous les luxes permis d'abord, rien n'étant digne de sa beauté, toutes les douceurs paisibles dont une existence peut être enveloppée. Elle rayonnerait devant les hommages sous l'éclat radieux des satins et des pierreries, les plus soyeuses lumières venant de son propre teint de lis, les plus brillantes étincelles brillant dans ses propres yeux d'améthyste. Il réprimerait sa jalousie à lui devant les triomphes de sa splendeur à elle. Elle lui reviendrait dans des déshabillés charmants, qui ne seraient que pour lui, nonchalante dans la souplesse alanguie du peignoir aux couleurs tendres, paresseuse dans le tremblotement des petites mules lui tenant à peine aux pieds, après les levers dont une dernière caresse a été le signal plein de remords, avant les couchers qu'il ferait bien longs pour voir tomber un à un tous les chiffons de sa diurne toilette.

Ils auraient des enfants, des enfants non pas adoptés, mais faits de leur chair, vivants souvenirs d'une minute d'ivresse éternelle, gages des impérissables tendresses dont ils venaient enfin de se faire l'aveu. Il aurait une petite fille qui lui ressemblerait à elle, quand elle était petite fille, à Saint-Cloud, là-bas, quand il avait risqué ses jours pour la revoir. En cet enfant revivrait Rose sans l'inquiétude de l'aimer jamais autrement qu'avec des affections saintement éperdues ! Et tout ce qui avait été le bonheur de sa jeunesse et l'idéal de sa maturité, tout cela renaîtrait aussi dans cette douce créature, orgueil innocent de la meilleure action de sa vie.

Et les ans passeraient ainsi dans ce culte de toutes les choses nobles et sacrées, à un foyer sans orage, dans le recueillement du travail poursuivi et du bonheur mérité. Et tous deux, Rose et lui, on les coucherait dans la même tombe comme deux fleurs que le même vent a jetées au même sillon et qui mêlent leurs haleines mourantes.

Sur ces rêves enchantés, il s'endormit quand vint seulement le jour, par un de ces effets étranges, mais souvent observés, qui rendent la lumière propice au sommeil, quand l'ombre a été favorable à la veille, en permettant un recueillement plus grand à la pensée. Car il avait fallu le magnifique et mystérieux décor de la nuit à cette féerie qui avait eu pour théâtre son âme, et l'aurore avait été comme le rideau rouge retombant sur ses pensées lassées, après la grande apothéose de tous

ses sentiments exaltés, et la grande musique d'amour qui avait brisé toutes les cordes de son cœur.

Il rentrait dans la réalité par l'anéantissement doux de son être sous un bonheur trop grand parce qu'il avait été trop attendu. Et le réveil de ce repos devait être la réalité encore ! Car il se sentait comme un homme tombé du ciel et qui, les membres rompus, s'étonne des vulgarités terrestres.

C'est Hélène qui entra la première, Hélène à qui il n'avait pas donné une seule pensée durant toute cette nuit, Hélène si subitement oubliée, qui avait peut-être tout vu et tout entendu la veille, et qui lui venait demander raison de leur ancien amour trahi avec tant de mépris. Ce fut comme un sursaut douloureux dans sa pensée. Très troublé, il jeta un regard inquiet sur Mme Boisrobin, comme pour chercher à deviner quelque chose. Elle était très calme et, si elle avait pleuré, elle avait eu grand soin de rafraîchir ses yeux pour qu'on ne s'en pût apercevoir. Dans certaines circonstances, les propos les plus simples sont tranchants comme des couteaux. Elle s'était assise auprès de lui, très simplement :

— Mon ami, lui dit-elle d'une voix très douce, ne trouvez-vous pas que Rose, qui est maintenant bien grande, est un peu familière avec vous ?

Le raillait-elle, ou lui disait-elle cela le plus naturellement du monde ? Il ne savait que répondre. Elle lui prit affectueusement la main et, avec un sourire où il crut lire des tristesses, elle continua :

— Ce n'est pas au moins, mon Maxime, que je sois jalouse. Je sais que notre tendresse durera autant que nous-mêmes et tu le sais comme moi. J'y ai mis toute ma vie et tu me dois trop de bonheur pour l'oublier jamais. Ne prends donc pas en mauvaise part ce que je t'ai dit. C'était pour le bien de notre fille. Un amour comme le nôtre est au-dessus de tous les enfantillages et, comme la femme de César, ne tolère pas même un soupçon.

Ces mots... celui-là surtout : notre fille, lui firent mal, un mal affreux, comme une piqûre de flèche.

Hélène avait-elle décidément pénétré leur secret et ne lui parlait-elle que pour le forcer à la rassurer? Il était trop loyal pour en avoir le triste courage. Tout se révoltait en lui contre ce mensonge *in extremis*. Il était à la torture. Il ne trouvait rien à dire. Il pressait machinalement les mains abandonnées d'Hélène, n'ayant pas la force de la tromper avec des mots. Elle lui tendit sa bouche et le baiser qu'il y posa lui sembla comme un fruit amer qui lui tombait des lèvres.

Quand elle fut partie, il lui fallut bien se mettre vis-à-vis de lui-même et sonder, dans ses profondeurs douloureuses, une situation qui ne pouvait demeurer longtemps sans se dénouer, pareille à une corde trop serrée qui lui serait entrée dans les poignets. Réfléchir? A quoi bon? Il était bien résolu. Tout lui était possible, hors l'idée de renoncer à Rose. Hélène était donc, par avance, sacrifiée et ce serait une hypocrisie de plus que cette fausse lutte entre deux sentiments de force si inégale, entre deux combattants dont l'un était, dès le début, désarmé.

George Sand a merveilleusement écrit que la vie était facile à ceux qui n'en sont plus à compter avec leur conscience. Mais Maxime n'en était pas là : un grand besoin d'honnêteté et d'estime de soi-même était en lui. Considérant, par avance, comme atteint déjà et comme acquis le résultat de sa méditation, il ne lui restait plus qu'à endormir par des sophismes le peu de remords que la trahison porte toujours en soi. Car il est toujours cruel de tromper et plus cruel encore de se sentir ingrat. C'est le premier châtiment de notre naturelle faiblesse.

Devait-il vraiment à Hélène le sacrifice de sa vie tout entière et de son amour? Certes, elle avait été pour lui une maîtresse charmante et admirablement dévouée : elle l'avait aimé vraiment depuis vingt années sans relâche. Mais ne lui avait-il pas donné le même bonheur avec un pareil dévouement? En se quittant, ils n'avaient rien eu à se réclamer l'un à l'autre. Lui avait-il coûté quelque chose dans la vie? Non. Elle avait mené la même existence paisible et honorée que si elle n'avait pas eu d'amant! Ah! si elle avait été obligée de quitter son mari pour lui, c'eût été autre chose. Voilà qui lie pour jamais un homme à la femme dont il a compromis l'honneur et l'avenir. Rien de tout cela dans leur liaison. Rien de coupable donc, au point de vue de la moralité éternelle qui règle les choses de l'amour comme toutes les autres, dans le projet qu'il avait conçu. Il n'avait vraiment à redouter, et une grande oppression lui venait rien que d'y penser, que la peine immense qu'il allait faire à cette pauvre femme.

Mais ne ferait-il pas une peine pareille à Rose, si l'idée, d'ailleurs impossible, lui venait de faire un choix entre elles deux et de rester auprès d'Hélène?

Est-ce qu'elle ne lui avait pas dit, elle aussi, qu'elle l'aimait? Est-ce qu'elle ne le lui avait pas prouvé en lui donnant sa bouche, c'est-à-dire une promesse d'elle tout entière? Parce que ce bonheur était encore en fleur, chez elle, au lieu d'être en fruit prêt à tomber peut-être, comme chez Hélène, il était donc juste d'en couper la tige et le crime n'était-il pas plus grand de moissonner, en même temps, toutes les gloires du printemps à venir avec les saveurs indécises de l'automne prochain?

Laquelle devait être sacrifiée à l'autre, de celle qui avait déjà goûté toutes les joies et dont la vie avait été si bien remplie, ou de celle pour qui la première désillusion serait peut-être tout bonheur à jamais perdu? Ah! les raisons ne lui manquaient pas pour qu'il trouvât juste ce qu'il était résolu de faire! Il n'avait apporté dans l'existence d'Hélène qu'un long élément de bonheur. C'est le trouble seulement aujourd'hui et ce serait la douleur demain qu'il aurait jetée dans celle de Rose!

Et puis Hélène, la première rancune passée, était trop intelligente pour ne pas comprendre tout cela. Elle aussi aimait tendrement Rose, et ce lui serait une consolation que cette déception ait, au moins, assuré le bonheur de sa petite protégée. Elle ne serait pas la femme de cœur qu'il avait aimée, si ce sentiment ne lui venait et si elle ne leur pardonnait pas à tous deux.

Dans cette propre défense de soi-même, avocat dans sa propre cause, Maxime dépensa un véritable trésor d'arguments ingénieux. Trois heures après, son parti était pris. Dans cette fermeté de résolution, il avait été aidé par l'apparition de Rose dans le jardin, de Rose qu'il avait vue, de son atelier, toute rêveuse, et se promenant en pensant à lui, sans doute, plus délicieuse que jamais sous les caprices de l'ombrelle dont elle abritait sa tête nue et qui promenait la fantaisie de ses ombres tantôt sur son épaule et tantôt jusqu'au bas de sa jupe par-devant, suivant que le soleil illuminait par ici ou par là sa fraîche toilette. Et, tout bas, savourant les délices de sa vue, il lui adressait de lentes adorations et le serment d'oublier le monde entier pour elle.

Dire à Hélène la vérité, il le fallait. A quoi bon se condamner à une vie de mensonges et de cachotteries? Il voulait Rose pour femme. Il n'avait à s'en cacher de personne. Par convenance, il quitterait Corbeil le lendemain. Mais il fallait que l'aveu fût fait avant. S'il était nécessaire, Rose serait remise au couvent jusqu'aux épousailles. Mais il pensa que les larmes de Mme Boisrobin pourraient, sinon fléchir sa résolution, du moins lui causer un accès de nervosité inutile. Il écrirait; il écrirait tout. Et il se mit à la table et, rapidement, en homme qui fait une besogne pénible et qui se décharge d'un grand poids, il rédigea sa confession, quelques lignes seulement mais, qui ne laissaient aucune ambiguïté sur la situation, quelques lignes pleines de franchise et d'émotion, dignes enfin de l'honnête homme qu'il était toujours en toutes choses. Ses mains tremblaient quand il replia l'enveloppe, et il laissa tomber maladroitement la cire en cachetant. Enfin, c'était chose faite! Rose n'avait que lui au monde. Après tout, Mme Boisrobin avait son mari.

— Au secours! Au secours!

Ces cris retentirent dans l'escalier. C'était la voix d'Hélène qui criait. Il eut un moment de folie. Il pensa qu'elle avait déjà reçu cette lettre qu'il avait encore dans la main, et qu'elle mourait de douleur.

— Au secours! Au secours! répétait la voix encore plus désespérée.

Il sortit en courant. Elle était devant la porte de la chambre de son mari échevelée. Elle tomba dans ses bras, en criant, pleine de sanglots :

— Au secours! Au secours! Mon pauvre mari se meurt!

XV

Et c'était vrai, une attaque d'apoplexie quasi foudroyante était en train de trancher le fil précieux des jours de ce bon fesse-mathieu politique. La Chambre perdait un de ses plus inutiles bavards et le pays un de ses plus nuisibles citoyens. Mais ce n'est pas ce que devaient dire les oraisons funèbres de cet importun qui n'avait eu qu'une qualité dans la vie, celle d'avoir laissé sa femme le tromper consciencieusement, et cela sans faire le moindre vacarme. Il réservait sa voix pour les assemblées. Nous ne nous arrêterons que fort peu au lit de ce moribond. On nous recommande de vénérer les morts comme si les coquins ne mouraient pas. Témoignons notre respect en laissant l'excellent abbé dont Boisrobin avait empoisonné l'existence par ses persécutions anticléricales asperger, sans rancune, de son eau bénite, les convulsions inconscientes de son ennemi expirant. C'est Maxime qui avait couru le chercher à la hâte. Quand Bourichon le vit revenir se hâtant aux côtés du prêtre, il eut un épouvantable sourire de pitié pour ce faux démocrate qui demandait un curé ! — Salopiau ! Jésuite ! murmura-t-il dans sa grande barbe hérissée de kakatoès ayant ramené sa huppe sous son bec.

Hélène était à genoux aux pieds du lit, sanglotant et une main de Boisrobin dans la sienne. Lui demandait-elle pardon de l'avoir rendu, durant vingt ans, ridicule ? Elle aurait eu bien tort, puisqu'il n'en avait pas souffert. Rose aussi était à genoux et, sans larmes dans les yeux, lisait à demi-voix dans un livre de prières. Les derniers sursauts secouaient la bedaine de l'ex-avoué. Un grognement suprême fut son adieu à la terre. Instinctivement, sans avoir la conscience de cette façon de sacrilège, Hélène se précipita dans les bras de Maxime et l'étreignit avec une tendresse désespérée. Et cette étreinte voulait dire : Maintenant je n'ai plus que toi ! Il le sentit, et une sueur froide lui coulait le long des joues pendant qu'il contemplait Rose, plus admirablement belle que jamais dans sa pose de vierge impassible et recueillie, à la lumière du cierge qui flambait déjà auprès du lit tiède encore...

— Écris à Gontran tout de suite ! fit Hélène en faisant un douloureux effort pour parler à Rose.

Rose se leva, lente et sans répondre. Elle s'assit devant un petit secrétaire, où l'homme d'État avait laissé découverts un tas de dossiers parlementaires. Elle repoussa doucement cette immonde paperasse et fit ce qui lui avait été commandé.

Qui dirait pourquoi certaines choses, indifférentes au premier abord, nous frappent ! Maxime eut une mauvaise humeur secrète à la voir dans cette occupation, traçant des lignes fines et égales de sa jolie écriture sur le papier qui frémissait doucement sous sa main.

La veillée du mort eut lieu sans incident remarquable. Hélène ayant dû prendre un peu de repos, tant l'état de ses nerfs était abattu, Maxime et Rose se trouvèrent, durant plusieurs heures, seuls auprès du corps aux pâleurs de cire, sur lequel couraient des reflets tremblotants de bougies. Ils n'échangèrent pas un seul mot.

Était-ce qu'ils eussent craint de profaner ce silence funéraire par une parole d'amour ? Il y avait encore entre eux autre chose. Rose cédait, au fond, à une fatigue toute physique et était mentalement assoupie, tout en ayant l'air physiquement éveillée. Elle était bien heureuse, comparée à Maxime à qui cet évènement imprévu apportait un redoutable sujet de méditation. Hélène était seule maintenant. Hélène était libre... Et il se demandait si la mort de ce vieux drôle n'allait pas donner à sa femme de véritables droits sur lui-même. Ils s'étaient aimés en secret depuis vingt ans ! N'était-il pas naturel qu'on continuât de s'aimer à la face du monde maintenant et qu'il prît la place de l'absent dans cette demeure qui avait toujours été la sienne ?

Il éprouvait une angoisse indicible à penser cela. Il se disait, le cœur pressé comme dans un étau, que le vrai mort qu'il veillait était son propre bonheur, emporté dans la tombe avec cette ridicule dépouille, tout son rêve palpitant encore à la clarté vacillante de cette flamme et qui allait descendre dans ce néant, en même temps que s'éteindrait ce flambeau ! Voilà où étaient pour lui les véritables funérailles, et cette belle fille qu'il aimait de toutes les chaleurs de son sang et de toutes les forces de sa vie était là, près de lui, insensible et debout comme une statue droite sur le tombeau de ses espérances mortes !

O nuit cruelle que celle-ci ! nuit deux fois obscure dans ce décor funèbre. Car tout était aussi incertain dans son âme que ces images flottantes, ces formes tremblantes des choses que faisait vaciller la flamme pâle du cierge avec des crépitements mystérieux.

L'enterrement ne pouvant avoir lieu que le surlendemain, une seconde journée et une pareille nuit se passèrent encore dans le malaise de ce recueillement obligé. L'arrivée de Gontran fit toutefois une sorte de diversion dont Hélène subit surtout l'heureux contrecoup.

J'ai dit quel beau gars était devenu l'héritier du nom des Boisrobin. L'uniforme seyait à merveille à ce jeune homme robuste, bien pris, à l'air résolu, portant le crêpe au bras avec une tristesse sans abattement, essentiellement viril d'aspect, tel qu'il faudrait rêver tous nos soldats. A défaut d'idéal, il portait au front la mélancolie hautaine et résolue que puisent tous ceux qui vraiment veulent le relèvement du pays par les armes, dans le recueillement de leur pensée. On lisait dans ses yeux que son sang ne lui coûterait guère quand le jour des grandes luttes serait venu, et sa physionomie, presque vulgaire d'abord, recueillait, de cette impression, un peu d'héroïsme et même de poésie.

Il fut aussi tendre que le comportait sa nature avec sa mère, la consolant par des appels au courage dits d'une voix ferme, vibrante et douce. Il fut cordial avec Maxime, affectueux sans familiarité avec Rose. Celle-ci, qui ne l'avait pas vu depuis longtemps, le regardait, dès qu'il tournait la tête, avec ce regard profond, mystérieux, indéfinissable et troublant dont Maxime avait déjà si souvent souffert, et qui le fit souffrir, cette fois-là, plus encore.

L'enterrement de Boisrobin fut un évènement dans la petite ville, une vraie bonne fortune pour la curiosité publique. Une députation de ses collègues vint lui rendre les derniers devoirs. Ces élus du peuple traversaient solennellement le pont de Corbeil avec leurs insignes, en se rengorgeant, comme partout où ils se montrent et avec cet air qui veut dire : Hein ! de quoi se plaindrait la France maintenant ?

Au grand scandale de la radicaille corbeilloise, le corps fit une station à l'église, mais les purs demeurèrent devant le porche et, au milieu, Bourichon qui avait un mauvais sourire dans sa grande barbe. Les purs commentaient la générosité de ce pur qui oubliait ses personnelles injures devant l'obscure majesté de la mort.

Et derrière le corbillard cahotant le cercueil encore tout emperlé d'eau bénite, le cortège se mit en marche

jusqu'au cimetière, où trois discours avaient été prononcés déjà, l'un au nom de la Basoche départementale en deuil; l'autre au nom du Parlement décapité; le troisième par le doyen des marchands de vin de la cité dont Boisrobin avait été le bienfaiteur au temps électoral.

Au grand étonnement de tout le monde, Bourichon s'avança à son tour, au bord de la fosse ouverte, et, d'une voix de casse-noisette, s'exprima ainsi :

« Adieu, Boisrobin! On ne doit aux vivants que la justice et aux morts que la vérité. Elle sera brève pour toi. Si tu n'as rendu aucun service à ton pays, tu t'en es rendu beaucoup à toi-même et il convient de reconnaître que tu as joué de la Révolution comme pas un. Ainsi as-tu mérité l'admiration de tes collègues, tous envieux, au fond, de ton talent.

« Dors en paix, habile homme, ce n'est pas nous qui te réveillerons quand viendra l'heure des revanches.

« Adieu, Boisrobin! »

Gontran, tremblant de colère, voulait se précipiter sur l'impertinent orateur. Maxime le maintint. Il importait de respecter, avant tout, la solennité du lieu, et ce vieillard dont la misère avait troublé le sens commun était certainement au-dessous d'une correction. Mais cette harangue, vivement critiquée par ceux-ci, défendue par ceux-là, approuvée par quelques-uns, fournit, au retour, nombre de commentaires.

Quant à Bourichon, ayant rallumé sa pipe aussitôt la porte du cimetière franchie, il rentra radieux dans son café et y entonna à tue-tête le refrain d'une charson satirique de sa composition, sur un air républicain très connu et dont le refrain était :

> Les malins de la République
> Montaient le vaisseau : le *Mangeur* !

Un congé de huit jours avait été accordé à Gontran,

à l'occasion de la mort de son père. Hélène avait prié Maxime de ne pas quitter Corbeil encore. La moitié de cette semaine, un peu vide comme les fait l'absence d'êtres, en apparence indifférents à la maison, tant qu'ils vivent, n'était pas écoulée, que Maxime avait pu observer chez Rose et Gontran un courant de sympathies dont il se reprochait d'être malheureux.

Rose buvait la parole du jeune officier, quand celui-ci, avec un beau feu dans le regard, parlait de la prochaine guerre et du grand espoir qu'il portait au cœur. Ce sujet inspirait, en effet, à Gontran, une sorte d'éloquence à laquelle feu son père, quoique avocat de profession, n'avait jamais atteint.

Quand il la quittait, Rose demeurait manifestement rêveuse et son visage s'éclairait doucement quand le pas du cavalier rythmé par l'éperon annonçait son retour. Sans être coquette avec lui, elle semblait soucieuse de lui plaire. Et lui, sans être plus galant qu'il ne convient avec elle, se plaisait évidemment dans sa compagnie et le lui laissait voir. La glace, figée par l'absence, avait peu à peu fondu entre eux. Ils en étaient à une intimité pleine de retenue, mais où de secrètes attaches se sentaient des deux côtés.

Un matin qu'ils se promenaient dans le jardin, si près l'un de l'autre que leurs têtes se touchaient presque, Hélène les montra à Maxime, en lui disant:

— N'est-ce pas qu'ils feraient un joli couple ?

Ce fut comme un coup de couteau au cœur de Maxime. Il observa de plus près. Il vit des boutons de rose passer du corsage de Rose à la boutonnière de Gontran, au moment où l'on se disait bonsoir. La première fois qu'il fit cette découverte, il eut un tel serrement de cœur qu'il dut s'appuyer à la muraille pour regagner sa chambre. Après avoir beaucoup pleuré, beaucoup maudit, il se prit à penser enfin!

D'où lui venaient donc cette révolte et cette colère ? — De ce qu'une belle jeune fille, qui lui avait dit des mots et permis des caresses qu'elle ne comprenait peut-être guère — et cela parce qu'il était le seul qui fit attention à sa beauté — lui préférait un homme plus jeune et plus beau, subissait ce pouvoir mystérieux et sacré de la jeunesse par qui la jeunesse est attirée.

Et de quel droit, lui qui avait longtemps vécu, aurait-il mesuré au reste de son existence la vie et le bonheur d'un être devant qui s'ouvrait seulement l'abîme fleuri des belles années ? Il avait rêvé, pauvre fou, d'enfermer ce printemps dans son automne, d'emprisonner cette aurore dans son déclin. Mais le soleil avait lui, qui dissipait ce songe coupable, et le condamnait au réveil. Et tout ce qui était sa sagesse lui parla très haut dans cette nuit de recueillement et d'amertume, vaincu qu'il se sentait par une loi inexorable, serviteur d'une implacable fatalité. Ces égoïsmes radieux qui sont le fond de l'amour, se détachèrent un à un de son cœur, y creusant des blessures par où fuyait le meilleur de son sang. Une tristesse sublime remplaçait, en lui, la surprise indignée des premières heures.

Mais quel déchirement de tout son être ! quel écroulement de tous les bonheurs entrevus ! Il avait souhaité soulever encore dans sa main la coupe des amours de la vingtième année, et la coupe, trop lourde, du vin généreux des caresses, était tombée de ses mains. Adieu les visions tant poursuivies ! Rose mettrait la robe blanche et le long voile et les fleurs d'oranger, mais c'est un autre qui la ramènerait le soir, pour la couvrir de baisers. Et l'atelier où ils devaient travailler ensemble! et ces enfants qu'il n'aurait pas vus grandir! D'un geste énergique, il s'essuya les yeux, et puisa, dans l'orgueil même de sa grande douleur, le courage de l'enfermer à jamais dans sa poitrine.

C'était le matin. Une voix chantait le dernier couplet de la ballade que Rose aimait tant, la voix d'une jeune fille qui l'avait apprise d'elle : et ce couplet disait :

> Il est mort pour avoir aimé
> La petite Rose de Mai.
> Les femmes ne sont pas franches!
> Hou! hou! hou!
> Le vent souffle dans les branches.

Oui, son cœur était bien mort, en effet, et mort par elle!

Il n'eut plus de faiblesse à partir de ce moment. Si, une seule! Comme Rose s'approchait de lui pour l'embrasser, un matin, à l'atelier, il la repoussa doucement en lui disant : Pourquoi m'as-tu menti?...

Et ses dernières larmes pleuraient dans sa voix.

Elle le regarda comme étonnée, rougit un peu et sortit sans lui avoir répondu.

Et elle n'avait rien à lui répondre. De même que lui, elle était dans la vérité de la vie, dans le droit de son cœur jeune et vibrant, l'amour ne s'étant révélé à elle que par celui qu'elle devait aimer et tout ce qu'elle avait fait ou dit avant n'étant que le balbutiement d'une langue qu'elle ne comprenait pas. Chez la femme, avant la tendresse même, est un instinct de tendresse qui ne nous tromperait pas s'il n'était si doux d'en être trompé!

La veille du départ de Gontran, Hélène mit la main de Rose dans celle de son fils, et, comme les deux jeunes gens étaient trop émus pour l'entendre, elle put dire tout bas à Maxime, dont elle tenait aussi la main, avec une tendresse infinie :

— N'est-ce pas qu'il est bon de s'être toujours aimé?

Et la voix entendue déjà se remit à chanter sur la rivière le vent emportant le refrain :

> Il est mort pour avoir aimé
> La petite Rose de Mai....

— Il est vrai, pensa Maxime, cesser d'aimer, c'est mourir...

Et pour qu'une autre, du moins, fut heureuse par lui, il baisa silencieusement la main d'Hélène.

Quelques jours après, le séjour de Corbeil lui étant devenu cruel, comme il promenait sur le boulevard le grand désœuvrement de son cœur à qui le courage du travail n'était pas encore revenu, Maxime rencontra Tancrède Ratin qui, sans rancune, lui prit familièrement le bras :

— Pauvre Boisrobin! fit celui-ci. C'était un bien désagréable animal. Mais je ne m'en reproche pas moins d'avoir été une des causes de sa mort, en lui faisant un si cruel ennemi de ce Bourichon que j'avais pêché à la ligne. J'ai eu beau me dénoncer moi-même à la justice! L'entêté n'en a jamais voulu démordre. Il entendait que ce fût son adversaire politique qui l'eût pris à l'hameçon.

— Pauvre Boisrobin! répéta machinalement Maxime, dont la pensée était ailleurs.

Mais Tancrède Ratin le tirant vivement par la manche comme pour le réveiller :

— Il y a tout de même des gens, cria-t-il, avec lesquels on n'a pas de chance !

Et, comme Maxime le regardait étonné :

— Asseyons-nous un instant devant ce café. J'ai une confession à te faire.

C'était au moment où l'heure du dîner vide rapidement les trottoirs si animés un instant auparavant, où le boulevard devient soudain comme une solitude, les roues des fiacres inoccupés roulant, silencieuses et lentes, dans la poussière, tandis que les premiers frissons du soir passent dans les feuilles sèches et crépitantes des arbres tièdes et brûlés, et que, derrière la Madeleine, c'est encore, dans le ciel, comme un incendie lointain, les vagues rouges d'un océan de feu venant se briser aux crêtes sombres des toits. Par son mystère inattendu même, cet instant est propice aux confidences. Ratin tournait entre ses doigts son verre aux reflets d'émeraude avec un visible embarras. Maxime le regardait en versant lentement de l'eau dans le sien.

— Te rappelles-tu, mon vieux, fit enfin Tancrède, que nous étions brouillés, il y a une vingtaine d'années ?

— Oh ! un rien, répondit Maxime. Une bêtise de rapins ! Je l'avais si bien oublié ! Pourquoi m'en reparles-tu aujourd'hui ?

— Parce que Boisrobin dont nous avons dit le nom tout à l'heure était mêlé à l'affaire et que c'est un mauvais tour que je lui avais joué déjà. Ça a été la dernière de mes charges et c'est la seule que je me reproche, au point que je ne la veux pas garder sur ma conscience plus longtemps. Rose de Mai...

Maxime eut malgré lui un tressaillement. Mais Ratin, qui, tout en causant, avait les regards fixés sur le bout de sa canne dont il égratignait l'asphalte, ne s'en aperçut pas. Changeant brusquement la tournure de sa phrase, comme les gens qui cherchent une forme à une pensée péniblement venue :

— Enfin, fit-il à Maxime, tu ne t'es jamais demandé comment Rose de Mai était venue dans la maison des Boisrobin ? C'est prodigieux ce que vous n'êtes pas curieux et ce que tu aurais dû me flanquer des gifles depuis longtemps.

— Comment, c'est toi ?...

— Mais oui, c'est moi. On savait à l'atelier que tu étais l'amant de la femme d'un avoué de Corbeil. Ces choses-là se savent toujours. Te rappelles-tu notre camarade Antoine ?

— Antoine Ledru ? comment... c'est lui qui avait dit ?

— Pas du tout. Mais Antoine avait hérité, ce jour-là, d'une vieille tante, et on mangeait l'héritage joyeusement. Nous étions tous terriblement gris. La veille, Irma, le modèle dont tu te souviens bien aussi, était partie pour l'Angleterre, abandonnant une petite fille qu'elle venait d'avoir. En cortège, stupidement et en chantant, nous allions porter l'abandonnée aux Enfants-Trouvés. Je me heurte contre un jeune garçon tout habillé de blanc qui portait une énorme corbeille sur la tête. Bousculé, il regimbe, m'insulte et se sentant le moins fort, se sauve, en abandonnant son paquet.

C'était un énorme panier de comestibles. Il portait le

nom de Chevet et je dois dire que nous n'avions jamais rien mangé de meilleur. Car tu as deviné le reste. A peine le maudit hasard de l'adresse nous eut-il appris que Boisrobin en était le destinataire et qu'il était avoué à Corbeil :

— C'est sans doute le mari de la bonne amie de Maxime ? s'écria le chœur.

Et c'est moi, oui moi, qui, aux applaudissements de ces imbéciles, ai expédié à Corbeil le colis métamorphosé en berceau. Quand nous nous sommes réconciliés, je n'ai rien osé te dire. Ça m'a fait cependant un drôle d'effet, quand je suis venu chez les Boisrobin pour la première fois, de voir cette petite Irma qui était revenue de l'étranger et avait recherché son enfant. J'ai pensé qu'il était mieux auprès de vous et je me suis bien gardé de parler. Je pensais : La Providence a bien fait les choses et j'ai fait, sans le vouloir, une bonne action. Me pardonnes-tu, Maxime ?

— Et qu'ai-je à te pardonner, mon pauvre Tancrède? fit Aubry sur un air parfait d'indifférence.

— C'est que... c'est que... j'ai cru m'apercevoir que tu avais souffert par Rose.

— Tais-toi ! Tais-toi ! reprit vivement Maxime.

Et, de l'air le plus naturel, redevenant soudain maître de lui :

— Tu sais bien, mon vieux, que je n'ai jamais aimé que Mme Boisrobin.

Un dernier rayon de soleil oblique et frisant la muraille alluma une étincelle au coin de son œil, une pauvre larme furtive que, Dieu merci, Ratin ne vit pas.

ROSE DE MAI

*le roman d'*ARMAND SILVESTRE, *édité par* l'Illustré Moderne, *vient d'être mis en vente cette semaine.*

Afin que nos abonnés et nos acheteurs aient une édition aussi complète que celle qui vient de paraître en librairie, nous avons considéré comme un devoir de faire, en leur honneur, un tirage spécial des dessins nouveaux qui ont été ajoutés dans le volume.

Ces gravures supplémentaires sont destinées à être intercalées, à leurs places respectives, dans les livraisons qui ont paru au fur et à mesure dans les numéros du Journal.

Le dernier feuilleton de la Chèvre d'Or *contiendra également la couverture en couleur du roman de notre collaborateur* PAUL ARÈNE, *dont nous continuerons la publication dans le numéro de la semaine prochaine.*

Absence de pagination ou de foliotation

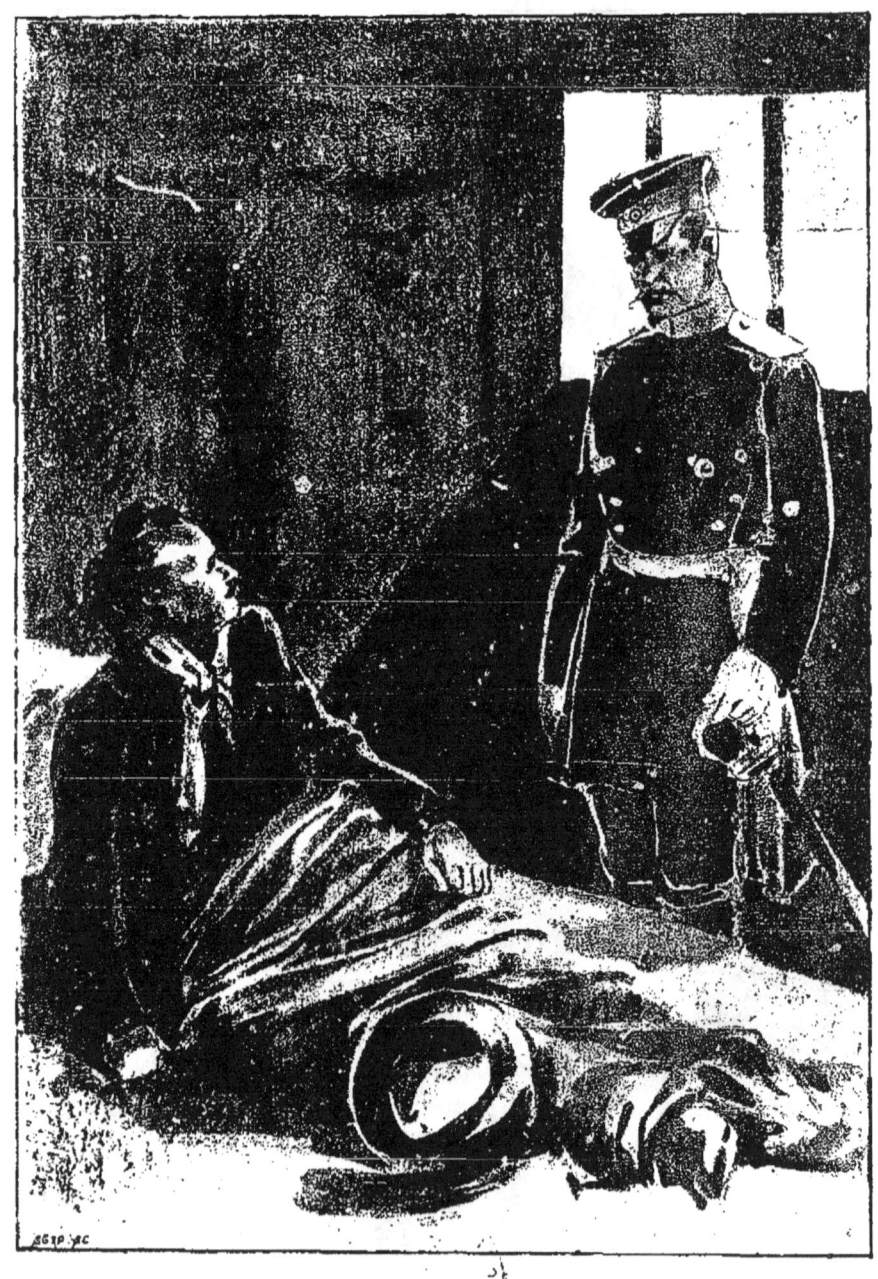

www.ingramcontent.com/pod-product-compliance
Lightning Source LLC
Chambersburg PA
CBHW071510160426
43196CB00010B/1479